십팔을 얘기하다

십팔을 얘기하다

김시은 장윤서 박혜원
정세빈 노현선 정예진

십팔을 얘기하다.
-여는 글

글을 시작하며...
삶은 때로는 어두운 그림자 같은 감정으로 가득할 때가 있다. 하지만 그 어두운 그림자 속에도 나만의 빛이 있다. 내 안의 감정들은 나를 알아갈 수 있도록 도와준다. 그 감정들을 받아들여, 내 안의 어두운 곳에서도 나만의 빛을 찾아나간다.

이 글을 읽는 여러분께...

감정들은 때로는 우리를 행복하게 만들기도 하고, 때로는 아픔을 안겨줍니다. 나 자신과 주변의 사람들과의 관계에서 미움과 사랑, 후회와 고마움 등의 감정들이 어떤 역할을 하는지, 그 감정들이 나의 삶에 어떤 의미를 부여하는지 깊게 생각해보고자 합니다. 미움은 때로는 우리의 내면을 뒤흔들기도 하지만, 미움이란 감정은 우리에게 무엇이 중요한지를 알려줍니다. 사랑은 우리를 감싸 안고 따뜻함을 주며, 우리가 서로를 이해하고 공감할 수 있도록 이끌어 줍니다. 후회는 저의 행동과 선택에 대한 고찰을 가져다주고, 고마움은 주변에 있는 작은 것들에 대한 감사의 마음을 심어줍니다.

저희는 이 열 가지 감정을 통해 자신을 더 깊이 이해하고, 더 나은 인간으로 성장하고자 합니다. 이 에세이를 통해 우리가 느끼는 감정의 힘과 그 안에 담긴 의미를 탐구하며, 저희만의 시각으로 살아가는 여정을 나누고 싶습니다.

차례

여는 글 ···· 4

불안
길 잃은 내비게이션 ···· 13
비교 ···· 14
관심 ···· 16
불신 ···· 18
핑계 ···· 19
악몽 ···· 20

외로움
필수 불가결 ···· 23
혼자가 되면 ···· 24
혼자 ···· 26
은근한 외로움 ···· 28
사랑하기 ···· 30
새벽은 길다. ···· 31

열등감
나비효과 · · · · 35
멍청한 소비 · · · · 37
같이 했는데 · · · · 39
비교 · · · · 40
ing · · · · 41
노력 · · · · 42

미움
도깨비바늘 · · · · 47
집착 · · · · 48
인간관계 · · · · 50
깨달음 · · · · 51
미운 정 · · · · 52
그 친구(1) · · · · 54

후회
늪 · · · · 57
내가 뭔데 · · · · 58
행동 · · · · 60
해답없는 반복 · · · · 61
괜찮다 · · · · 62
그 친구(2) · · · · 63

꿈

자각몽 · · · · 67
직업은 아닙니다 · · · · 69
리더 · · · · 71
노력 · · · · 73
평범 · · · · 74
꿈 · · · · 76

행복

Back To December · · · · 79
이름 · · · · 80
행복은 · · · · 82
언니 · · · · 83
레시피 · · · · 84
바다 · · · · 86

위로

변하지 않는 것 · · · · 91
위로 · · · · 93
음악 · · · · 95
로봇 위로 · · · · 96
안부 · · · · 97
어렵다 · · · · 98

사랑
미온 · · · · 103
일상 속에서 · · · · 104
덕질 · · · · 105
외할머니 · · · · 107
성장 · · · · 108
겨울 · · · · 109

고마움
Irreplaceable · · · · 115
변화 · · · · 116
내 친구 · · · · 117
"고마워" · · · · 118
엄마 · · · · 119
친구 · · · · 120

닫는 글 · · · · 124

작가의 말 · · · · 126

불안

길 잃은 내비게이션

어린 불안을 느낄 때가 있었다.

오늘 숙제 안 했는데 선생님이 검사하시면 어떡하지, 내가 사고 싶었던 물건이 이미 팔렸으면 어떡하지, 엄마가 전화하면서 내 이름을 꺼내시는데 큰일이면 어떡하지…. 이런 가벼운 불안들이 때때로 그리워진다. 이 불안들은 금세 붕 떠올라서 오랜 시간 내 마음에 콕 박혀있지 않았다.

하지만 지금의 불안은 내가 감당하기에는 너무 커다랗고 무거워서 붕 뜰 생각도 없이 마음 한구석에 자리 잡는다. 요즘은 내 친구들 모두 꿈을 찾아가고 무언가를 이루기 위해 노력하는데 나 혼자 꿈 없이 그 자리 그대로에 있다는 게 가장 큰 불안이다. 전부 흘러가는데 나만 이곳에 고여있는 것 같아서 두렵다. 물론 내가 지금보다 더 성장한 후에 본다면 지금의 내 불안도 가볍게 보일 수도 있다. 내가 어린 불안이라고 치부했던 것들도 분명 그때의 나에게는 무거웠을 것이다.

얼른 미래의 내가 되어 현재의 불안을 한껏 비웃고 싶다.

비교

스스로에 대한 기대치가 높다.

'뭘 잘하는 건 아니지만, 그래도 할 수 있는 건 다 해야지!' 하는 생각을 가지고 있다. 그래서 이런 생각을 가지고 중학생 때는 수업시간에 졸지 않는 습관을 길렀고, 암기과목의 수행평가는 전부 통암기 하여 영어 성적 25점 받는 애가 수행은 거의 만점을 받았다. 그런데 이런 습관을 가지고 고등학교에 입학하니 첫 시험에서 16등을 하게 되었다. 주변에는 공부를 하지 않는 애들이 많았다. 생각해 보면 공부를 열심히 하는 애들보다 공부를 열심히 하지 않는 애들이 더욱 즐겁게 살고 있다. 행복은 성적순이라고 생각해 왔는데, 그래서 지금껏 이렇게나 힘들었는데 내가 너무 오버하면서 살았나? 공부도 못하면서 이렇게까지 날 끝으로 몰아내면서 불안했어야 했나? 내가 틀렸다는 생각이 들었다.

아직도 나는 수행평가를 만점 받지 못하면 금방이라도 밑바닥으로 떨어질 것 같고, 여가 시간이 길어지면 길어질수록 이대로 시간을 흘려보내는 게 맞는지 불안한 의문이 든다.
매일이 불안하고 매일 밤 울고 싶어 진다. 하지만 시간은 날 기다려주지 않고 항상 실수를 반복하게 하여 내일은 또 어떻게 견뎌내야 하는지 걱정만 늘어간다. 좋은 성적을 받아 좋은 취업처에 들어가 안정적인 직업을 갖는 행복이 있는 반면, 지금을 즐기고 원하는 삶을 사는 행복이 있다. 그 둘 중 나에게 맞는 게 무엇인지 헷갈린다.

나는 앞으로 어떻게 살아가야 할까?

혼자

니는 불안을 많이 느끼는 사람이다.
마치 나와 불안은 커플이나 가족과도 같다.

왜 이렇게 불안하게 살고 있는지 생각해 보면 내가 이걸 잘할 수 있을지, 다른 사람에게도 만족할 만큼을 할 수 있을지 때문이라고 할 수 있다. 누군가의 물음에 어떻게 답해줘야 할 때 그 사람이 좋아할지도 많은 고민을 하고 괜찮겠지?를 여러 번 생각하고 말한다. 그런 질문에 많은 시간을 낭비할 때가 있다. 중요한 임무를 맡아서 그것을 끝내기 전이나 다른 사람들의 반응을 보기 전, 어떤 무대에 올라가기 전에 불안해진다. 혼자 하거나 여럿이서 했을 때도 많은 사람 앞에서 발표하기 전에는 긴장감과 잘할 수 있을지에 대한 불안감이 생긴다. 또, 보여준 것을 다른 사람들도 좋아하거나 웃을 수 있을지 궁금하면서 다들 싫어하면 어쩌지라는 불안감도 생긴다. 나는 내가 아무것도 하지 않아서 아무도 나에게 관심이 없을 때 더 큰 불안을 느껴서 뭐라도 하는 사람이다. 아무도 나에게 관심이 없다는 것은 내가 아무것도 하지 않고 되게 한심하다고 얘기해 준다.

나는 차라리 조금이라도 덜 불안하고자 관심을 받으려고 많은 일을 하고 다닌다. 나만 이렇게 많은 불안을 안고 가족처럼 살고 있는 걸까? 아니면 나와 같은 사람이 또 다른 곳에도 있을까라는 생각과 불안을 조금은 버리고 살고 싶다는 생각도 한다.
그렇지만 그게 좀처럼 쉽게 내 맘대로 되지는 않는다.

불신

나는 일상생활 속에서 불안을 자주 느낀다.
이런 불안이란 감정을 느끼면 손에 땀이 엄청나고, 배가 아파지며 다리를 엄청 떨곤 한다. 이 감정을 느끼는 것이 초반에는 너무 싫었다. '이러다 내가 준비한 것을 망치면 어쩌지?'라는 생각이 제일 먼저 들었기 때문이다.
시험을 치르거나 준비를 할 때 가장 큰 불안감과 떨림이 오는데 '내가 혹시 놓친 건 없을지..', '못 보면 어떡하지..' 등의 나에 대한 불신 요소들이 몰려온다. 그래서 나는 언제부턴가 제대로 된 확신의 말을 듣기 전까지는 주위 사람들에게 계속된 확인 질문을 하기 시작하였다.
"진짜 이것만 하는 거 맞아요?"
근데 이런 질문도 내 불안이 만들어낸 안좋은 요소라는 것을 느끼게 됐다. 이런 질문을 할 때면 주위 친구들이 불편해하는 모습들을 나는 최근에 접하게 되었다. 처음엔 나도 '쟤가 왜 저러지?' 하고 넘어갔지만 생각해 보면, 내가 계속 질문하고 확인받으려는 모습이 친구들 입장에선 답답하고, 주위 사람들 입장에선 불편했을 수도 있겠다는 생각을 하게 됐다.

그래서 최근 나는 불안해지면 껌을 씹거나, 음악을 듣곤 한다.
물론 이게 모든 사람들에게 적용되는 꿀팁인지는 모르겠지만 껌을 먹거나 음악을 들으면 마음이 안정되며 오히려 집중력을 높여주면서 불안을 잘 안 느끼게 해주었다.

정세빈

핑계

편안하지 않고 조마조마한 상태를 뜻하는 단어 '불안'. 요즘의 내 상황을 대변해 주는 단어이다. 요즘은 유독 가만히 있어도 불안하고 무언가를 해도 급격하게 불안정해진다. 누워있어도 일어나있어도 공부를 해도 놀아도 무엇 하나 맘 편히 하는 게 없다.

겨울이라서 그러는 걸까. 아니면 성적이 안 나와서? 귤이 너무 먹고 싶어서? 아니면 곧 다가올 봄 때문에?

이런저런 핑계를 생각해 보지만 사실 모르겠다. 고1이라는 나이에 미래를 생각하고, 책임감을 가지고 살아야 할 18살이 내 앞에 나타나고 앞으로 다가 올 19살도 20살도 먼 미래가 눈앞에 다가온 게, 그 미래가 깜깜해 보이는 게 무서울 뿐이다.

불안하다는 감정은 나에게 열심히 살아갈 에너지다. 하지만 가끔은 극복하기 어려울 만큼 커져버리면 불안에 불안을 뚫고 그 불안을 넘어 불안과 함께 살아간다.
그럴 때 내가 찾은 방법은 이거다. 뭐라도 해보는 거. 뭐든 하는 나를 보면 그래도 나는 뭐라도 하는구나, 일단 할 수는 있구나 하는 생각이 든다.

살면서 누구나 불안은 가지고 산다. 우리 조금은 덜어내도 괜찮을 거 같다.그러기에 우리는 이미 멋있는 삶을 살고 있다.

악몽

난 어렸을 적에 악몽을 많이 꿨다. 내가 일곱 살이었을 때 친하게 지내던 어느 이웃 사람이 우리 집을 쳐들어오는 꿈을 꿨다. 그 꿈에서 난 장롱에 숨어있었는데 그 사람에게 걸리고 말았다. 그 사람이 정말 너무 무서워서 그대로 놀라면서 일어났던 기억이 있다. 그 기억 때문에 어두운 밤에 집에 혼자 있을 때를 정말 무서워한다. 내 방이 아닌 밖에서 무슨 소리가 나면 심장이 쿵 쿵 쿵 뛰면서 온몸이 경직된다. 또 밖을 나가 확인해 볼 용기는 없어서 숨죽여 있다가 심장이 조금 괜찮아지면 밖을 나가 확인을 해본다. 늘 그렇듯 밖은 아무도 없이 고요하다. 불을 대부분 꺼놓기 때문에 누가 있어도 모를 만큼 어둡고 조용하다. 그런 날에는 잠도 잘 못 잔다. 아까 그 생각이 계속 나면서 그 꿈이 머릿속에서 반복 재생된다.

마음을 진정시키려고 일어나서 물을 한 컵을 마신다. 물 마시는 소리가 귓가에서 맴돈다. 물을 마신 후 침대에 앉아 마음을 진정시킨다. 요즘에는 이런 일이 잘 없지만, 예전엔 이런 일이 자주 있어서 잠도 잘 못 자고 항상 불안해했다. 그 불안이 나를 조금은 더 단단하게 만들어 준 거 같아 극복해 보려고 노력 중이다. 나의 불안을 없애려는 노력은 끊임없이 이어질 것이다.

외로움

필수 불가결

사람은 언제 외로움을 느낄까? 나는 내가 잊혀질 때가 가장 외롭다.

낮잠을 잔 후 저녁 7시쯤 어두운 방에서 깨어났을 때, 벌어진 문틈 사이로 거실의 불빛과 가족들의 대화 소리가 뒤섞여 들어올 때. 그때만큼은 거실이 이 세상에서 가장 밝게 빛나 보이고 내 방은 한없이 어두운 것 같아서 괴리감에 빠진다.

가끔은 사람들 사이에 있을 때도 외로워진다. 친구들과 길을 걷다가 자연스레 나만 뒤로 빠질 때, 그리고 내가 빠진 걸 친구들은 모를 때. 아주 잠시 외로움이 스쳐 지나간다.

그래서 나는 내가 필요해질 때가 가장 기쁘다. 내가 필요하다는 것은 결국 누군가는 나를 잊을 수 없다는 뜻이기도 해서.

혼자가 되면

어렸을 땐 세상의 중심이 나였다.

나로 인해 내 주위에 무리가 형성된다고 생각했다. 하지만 요즘엔 다르다. 이제는 내가 남들의 삶에서 엑스트라가 되었다. 지금 함께 다니는 친구들은 내가 없는 원래 있었던 무리에 나중에야 끼게 된 터라 내가 주도적으로 그 무리를 이끌 수 없었다. 하지만 친구들과의 관계가 나쁜 건 아니어서 학교에 오면 나름 시끄럽게 잘 지내는 편이다. 쉬는 시간마다 친구들과 같이 지내고, 수업시간에는 수업에 집중을 해서 수업 시간이든 쉬는 시간이든 쉴 틈이 없었다.

그러다 하교 시간이 다가온다. 하지만 나는 학교에서 바쁘게 지내도 같이 하교하는 친구가 없다. 같은 동네에 사는 친구들은 다들 다른 친구가 있거나 친하지 않아서 같이 하교할 수 없었다. 혼자 집에 가는 게 너무 외로웠다.

그래서 며칠간 가장 친한 친구 'e'에게 하교 시간만 되면 연락을 했다. 하루도 빠짐없이.
나는 외롭지 않고 'e'도 잘 받아줘서 문제가 없는 줄 알았는데, 내가 'e'를 너무 귀찮게 했다는 걸 늦게 알아버렸다. 그렇다고 가족에게 연락을 할 수도 없는 노릇이다. 나는 세 자매 중 늦둥이라 성인인 언니들은 전부 일을 하고 있다. 부모님 또한 마찬가지이다.

그래서 연락할 사람이 없다. 같이 하교를 할 사람이 없다.

학교에서만 시끄럽게 지내고 있다.

그렇게 외롭게 매일 하교를 한다.

물음표

"외로움은 혼자 있어서 느끼는 걸까?"
난 주로 혼자 있을 때 외롭다고 느껴서 평소에 혼자 다니지 않고 약속을 잡는다.

"외로움은 어디서 오는 걸까?"
난 집이나 길에서 느낀다.
집에서 혼자일 때가 많다. 나랑 서로 공감하면서 말을 할 수 있는 사람이 없고 내가 항상 집에서도 가족들과 함께 하는 시간보다 내가 다른 일을 하고 있는 시간이 더 많아서 외로움을 많이 느낀다. 길에서 외로움을 느끼는 것은 어쩔 수 없이 혼자 다닐 때, 주변을 둘러보면 다른 사람은 연인이거나 친구, 가족과 함께여서 외롭다고 느낀다.

"외로움은 언제 느끼게 되는 걸까?"
나에게 아무도 관심을 주지 않을 때, 내가 혼자일 때, 길에서 나 빼고 다들 누군가와 함께일 때, 나를 반겨주지 않을 때, 내가 대화할 수 있는 사람이 없을 때 외로움을 느낀다.

"외로움을 느끼지 않는 사람도 있을까?"
사람은 모두 다르기 때문에 외로움을 느끼는데에 정도의 차이가 있다. 외로움을 느끼지 않는 사람은 혼자 있는 걸 좋아하고 혼자 있을 때 제일 편한 사람이다. 외로움을 많이 느끼는 사람은 혼자 있는 걸 싫어하고 누군가와 함께 있는 것을 무척 좋아하는 사람이다.
나는 외로움을 많이 느끼는 사람이다.

나에게 외로움은 물음표다.

은근한 외로움

학교생활을 하다 보면 친구들의 무리가 생기게 된다.
무리로 생활을 하다 보면 그 상황 속에선 외로움이 발생한다. 외로움의 사전적 의미는 '홀로되어 쓸쓸한 마음이 나 느낌.'이다. 하지만 무리 속에서 느끼는 외로움은 사전적 의미와는 다른 감정으로 나에게는 다가온다. 홀로는 아니지만 은근한 외로움.
나는 친구 사이에 이런 외로움을 느낄 때면 스스로 약간의 우울함을 느끼기도 한다.
중학교 시절 친한 친구들 무리 안에서도 나의 마음이 조금 더 향하는 친구가 있었는데 어느 날 그 친구가 무리 안 다른 친구와 더 자주 노는 것처럼 느껴지고, 내 연락을 자주 안 보는 것 같을 때 이런 외로움을 가장 크게 느꼈다. 그리고 그 감정이 그대로 예민과 짜증으로 옮겨가 다른 사람에게 피해를 주었다. 이런 외로움을 겪을 당시에는 나도 모르게 티는 내지 않으면서 그 친구의 연락을 계속 확인하게 되었다. 나의 모든 하루의 신경은 그 친구에게 향하는 것 같았다.

사실 이런 외로움은 바로 극복하기 어렵기 마련이다.
나는 이런 외로움을 느끼는 시간을 나에게 더 집중하는 시간으로 바꾸어서 이런 외로운 마음을 벗어나곤 하였는데, 그 친구의 연락에 계속 신경 쓰기보다는 스스로 할 일을 만들거나 하고 싶은 일을 하면서 외로움이라는 마음에서 벗어나고자 하였다. 그 당시 나는 베이킹, 뜨개질을 하면서 개인적인 시간을 보내었었다. 이런 개인적인 시간을 보내다 보니 그 친구에 대한 외로운 마음이 사라지고,

내가 하고 싶은 일을 하며 나를 더 가꾸고 오히려 행복이란 감정을 느낄 수 있었다. 그리고 그 친구를 이해하며 부정적으로 생각하지 않고 긍정적이고 좋게 생각하려고 하였다. 이런 감정들을 느끼며 외로움이란 감정은 내가 어떻게 생각하느냐에 따라 달라지고, 어떻게 행동하느냐에 따라 새로운 감정을 만들어 낼 수도 있다는 것을 '외로움'이란 감정을 경험하며 새롭게 알게 되었다.

사랑하기

나는 이제 외로움을 다룰 줄 안다. 그간 겪었던 경험을 토대로 외로움을 다룰 줄 안다. 외로움을 이해하고 같이 공존할수 있는 방법을 알았다. 세상에서 외로운 게 가장 싫었다. 애정결핍이 있던 탓인지 외로움을 항상 탔고 그 감정을 아무렇게나 썼다. 외로워서 아무 친구나 사귀고 필요 없는 감정까지 썼다.

 혼자 있는 법도 몰랐고 혼자 있으려고 하지도 않았다. 외로울수록 나만 탓했다. 내가 못나 보였으니까 혼자 하려면 뭐든 용기가 나지 않았다. 그렇게 많은 감정을 쓰고 나니까 더 이상 사람들에게 쓸 감정이 없었다. 외로움은 생각보다 많은 감정을 동반해 나간다는 걸 알았다.

 그럴 때면 혼자 있는 게 좋다. 내가 겪으면서 깨달았던 방법이다. 혼자 운동하러 나가고 맛있는 것도 먹고 길거리 구경도 하고 사람들 구경도 하다 보면, '아, 이 세상에 나만 혼자 있는 게 아니구나.', '혼자 있어도 괜찮구나.' 하는 생각으로 위로가 된다. 사실 이 과정에 다다르기 까지는 꽤 오랜 감정과 나를 썼다.
 내가 겪고 있는 누구나 겪는 거니까 그냥 자기 자신을 많이 사랑했으면 좋겠다.
내가 외로움을 겪었던 건 그냥 내가 날 사랑해 주지 못해서였다.

새벽은 길다.

학교가 끝나고 피곤한 상태로 집에 가면 항상 낮잠을 잔다. 낮잠을 자고 일어나서 창문을 보면 밝았던 시각이었는데 깜깜한 밤이 되어있다.

온몸은 땀으로 뒤덮여 잠옷은 축축해져 있고 입안은 메말라서 텁텁해져 있다. 그 상태로 깨면 나는 멍하니 생각에 빠진다. 잠깐의 다른 생각을 하다가 오늘 잘못했던 일들, 또 후회스러운 일들이 나를 덮쳐온다. 그 생각들이 나를 덮쳐올 때 미래에 나에게 다른 대처를 하라고 다짐 아닌 다짐을 세운다. 정작 그날 아침이 되면 새벽에 했던 생각들이 기억에서 삭제되지만, 그 고요하고 깊은 새벽은 나에 대해 더 생각하게 되는 시간이다.

추운 겨울의 새벽은 길다. 아직 나의 새벽 시간은 많이 남았다는 뜻이다. 그 새벽엔 다시 잠들 수 없다. 나 혼자서 그 외로운 새벽을 고스란히 느껴야 한다. 하지만 나에겐 그 외로움을 느낄 힘이 아직은 없다. 내가 모든 외로움을 느낄 수 있을 때까지 난 용기를 내서 앞으로 나아가야 한다.

모든 외로움을 힘들어하지 않고 온전히 받아들일 수 있을 때, 그제야 나는 한 발자국 앞으로 향한 것이다. 언제 멈출지, 언제 내가 외로움을 받아들일 수 있을지 모르지만 난 내가 알 수 있을 것이라 믿는다. 끝까지 멈추지 않고 앞으로 나아갈 것이다. 나아가야만 한다. 내가 만족할 수 있을 때까지, 숨이 목 끝까지 차올랐을 때까지 앞을 향해 달릴 것이다.

열등감

나비효과

7살, 나는 유치원 짝꿍으로부터 처음 열등감을 느꼈다.

내 짝꿍은 항상 나보다 그림을 잘 그렸고 선생님의 칭찬을 독차지했다. 열등감과 질투에 눈이 멀었던 나는 실수인 척 짝꿍의 수채화 물통을 엎질러 그림을 망쳤고, 그날 처음으로 누군가가 나로 인해 눈물을 흘렸다. 미안한 마음에 집에 가서 나도 조금 울었다.

11살, 반 친구들에게 인기가 많은 아이가 있었다.

나는 친구를 사귀기 위해 여러 노력을 해야 했다. 하지만 그 아이는 노력 없이도 친구들이 다가와 주는 것만 같았고 쉬는 시간이 되면 자연스레 그 아이의 책상 앞으로 모여야 하는 게 정말 싫었다. 그래서 그 아이가 나에게 비밀이라며 했던 험담들을 다른 아이들에게 전부 말해버렸다.

"걔가 너한테 이런 식으로 말했는데…."

누군가의 미담을 얘기할 때보다 험담을 얘기할 때 더 빨리 친해진다는 말이 있다. 그걸 나도, 반 아이들도 너무 잘 알고 있었다.

열등감은 두 가지 종류가 있다. 나를 더 성장시키는 열등감과 나를 추락시키는 열등감.
나보다 우월한 사람을 무너트리고 싶은 감정이 든다면 그 열등감은 지워버리는 편이 좋다. 하지만 나보다 우월한 사람을 넘어서고 싶다면 그 열등감을 끝까지 끌고 가야 한다. 분명 나를 더 나은 사람으로 만들어 줄 것이다.

멍청한 소비

14살, 사춘기가 오면서 갑자기 변한 외모로 인한 스트레스 때문에 스스로를 남으로부터 격리시켰던 적이 있었다. 하지만 그런 나에게 다가와주는 사람을 나는 회피하며 살아갔었다. 나에게 다가와 주는 사람을 보고 '왜 이쁘고 잘생기고 공부 잘하는 애들은 착하기까지 한 걸까' 하며 주변 사람들에게 열등감을 느꼈다. 나는 보잘것없는데..

이러한 감정을 더 이상 느끼고 싶지 않아 운동을 하고 음식을 줄여 74킬로였던 나는 52킬로 까지 살을 뺐다. 음식과 옷에 쓸 돈을 전부 화장품에 투자하면서 피부 관리에만 몰두하고 매일 1시간이 넘는 시간을 화장대에만 붙어 살았다.

그렇게 노력해서 바뀐 내 모습을 가지고 고등학교에 입학을 하게 되었다. 그런데, 고등학교에 와 보니 중학교 때와는 완전히 다른 레벨의 사람들이 많았다. 다들 마르고, 이쁘고, 목소리도 좋고, 공부까지 잘했다. 이런 친구들을 보면서 나는 현재의 나에게 만족하며 살아갈 수 없었다. 내가 아무리 노력을 해도 태생부터 빛나는 친구들을 따라갈 수 없다는 생각이 들었기 때문이다. 내 노력만으로는 한계가 있다는 생각에 상실감 마저 들었다.

친구들에게 너무 질투가 났다.

태생부터가 너무 심보가 못됐고 외모가 못났던 내가 당연한 벌을 받는 거라는 생각이 들면서도 내면에는 억울

함이 있었는지 남을 질투하는 생각만 엄청 불어났다. 아직까지도 외모가 마음에 들지 않아 매달 맛있는 음식에 투자했던 20만 원 용돈의 대부분을 화장품, 건강한 식재료, 옷 등으로 나를 가꾸는 데 사용하고 있다. 불필요한 지출만 늘어갔다. 하지만, 이렇게 노력해도 내가 원하는 나의 모습을 만들 수 없었다.

내 열등감은 언제쯤 멈출 수 있을지 모르겠다. 왜 아무리 노력해도 만족할 수 없는 걸까.

같이 했는데

학원을 같이 다닌 친구가 있다. 같은 학원에 다니고 같은 선생님께 수업을 듣지만 내가 성적이 더 낮다.

내가 어른들께 이런 말을 하면 네가 공부를 안 했나 보지, 네가 걔보다 덜 해서 그래 이런 말만 듣는다. 어른들도 우리와 똑같이 학생의 시절이 있었어도 내 맘은 모르고 그냥 걔보다 공부를 덜 했다고 생각한다. 그럴 때마다 정말 속상하고 열등감을 느끼게 된다. 다음에 더 열심히 하면 된다는 말을 듣고 싶었는데 저런 말을 들으면 그 순간에는 그것만큼 속상한 것도 없다. 진짜 이건 아니다 싶어질 정도로 속상하고 화가 난다. 또, 진짜 그런가 싶어서 내가 밉고 나한테 화가 날 때도 있다. 그땐 다음에는 더 열심히 해야겠다는 생각도 든다.

때로는 나만 이런 열등감이 생기는지 의문점이 든다. 다들 말을 안 해서 내가 모르는 걸까.

비교

보통 나는 내 주위 사람들에 빗대어 열등감이라는 감정을 느낀다.
친구 사이 속에서도 열등감은 존재한다.
나보다 뛰어나게 나보다 어떠한 일을 더 잘하는 친구가 있다. 하지만 친구라는 관계에 먼저 이끌려 축하를 해준다. 그 후 혼자 그 친구에 빗대어 열등감에 빠진다. 그 친구와 비교해 내가 너무 부족해 보이고 '나도 저 친구처럼 잘하고 싶다.'라고 생각하며 일종의 '부러움'이란 감정도 같이 느끼게 된다. 그 후엔 그 친구의 행동에 나도 모르게 계속 신경 쓰게 되고, 그 친구가 하는 일에 대해서 집중하게 된다.

이런 열등감이란 감정은 내가 어떻게 생각하고 행동하느냐에 따라 다르게 나타난다.
나는 열등감을 느끼려고 할 때면 그 친구보다 내가 어떤 것을 비교적 잘하는지 먼저 생각해 본다. 엄마는 어릴 적부터 항상 "각자가 뛰어나게 잘하는 점은 하나씩은 있다. 그것을 알고 활용하는 것이 중요하다"라고 항상 말씀해 주셨다.
남과 비교해서 열등감을 채우기보다는 내가 더 잘하는 것을 찾고 그것에 집중해 능력을 키워나가며 내가 뛰어나게 잘하는 점을 하나 만드는 것이 좋다고 생각한다. 더불어, 서로가 각자 잘하는 것을 인정하고 각자가 뛰어난 일을 하는 것이 열등감을 줄이는데 좋은 방법으로 작용하는 것 같다.

ing

열등감이 계속 머문다

누군가를 시기하고 질투하고 열등감을 가지며 나 자신이 싫어진다.난 왜 저 사람보다 못할까? 얼마나 더 노력해야 할까? 난 왜 저렇게 하지 못할까라는 생각들로 가득 찬다. 열등감이 그렇게 나쁜 것만은 아니라고 생각한다. 무언가를 열심히 할 수 있게 도와주는 원동력으로 쓰일 수도 있지만 그런 생각을 하기는 어렵단 걸 다 알고 있다. 나도 한동안은 우울해져있던 적도 많았다. 내 주위엔 잘난 사람들이 차고 넘치는데 왜 나만 여기 자리일까, 열등감을 가질 때면 내가 따라잡을 수 있는 누군가를 고르고 그 사람보다는 잘나지기 위해 노력한다. 그것을 따라잡으면 세상 누구보다 잘난 사람인 듯 행동하는 거다. 하지만 그런 열등감으로 따라잡은 자존감은 쉽게 또 떨어지기 마련이다. 열등감은 자존감이 낮은 곳에서 온다고 생각한다. 내가 날 사랑하지 못했기에 남이 대단해 보이고 나 자신이 싫어지는 구조니까.

열등감은 여전히 내게 머물러 있다. 이 감정을 어떻게 사용할지는 나에게 달렸고 이게 삶과 연관된다. 살면 또 얼마나 살았다고 이런 얘기를 하나 싶지만 그래도 나름 17년을 살면서 깨달은 거다. 앞으로 살면서 또 얼마나 많은 열등감을 느끼고 어떻게 극복할지 어떤 사람이 되어 있을지 궁금하나.

부족함

나의 열등감은 대부분 학교 친구한테 느낀다.

고등학생으로 올라오면서 자신의 꿈을 바로 찾아가는 친구들이 있는 반면에 나처럼 진로 고민을 많이 하는 친구들도 있다. 난 진로 고민을 정말 오래 하는 편에 속하기 때문에 꿈을 바로 찾아가는 친구들이 부럽다. 나는 확실하게 정하지도 않고 하고 싶은 것들만 많아서 고민이 더더욱 많아진다. 그 친구들을 보면 정말 별처럼 빛나는 데 나는 그 별에 가려진 그림자처럼 초라해진다. 그 친구들은 꿈을 위해서 더 열심히 노력하고 있는데, 나는 꿈을 찾지도 못했고 꿈을 찾으려는 노력을 잘 안 해서 제자리에 머물러 있다.

열등감은 정말 지울 수 없는 감정이다. 내가 잘해도 더 잘하는 친구를 보면 또 열등감을 느낀다. 그 열등감으로 인해서 나를 더욱 성장시킬 수도 있지만, 그마저도 포기를 해버리면 성장할 기회를 놓쳐버리는 것이다. 나는 그 기회를 많이 놓치고 있을 수도 있다. 하지만 기회를 놓쳐버리면 또 다른 기회는 언제든 찾아온다. 그 기회들을 통해 난 조금씩 성장하고 있을 것이다. 나도 모르게 한 단계씩 천천히 성장하고 있을 것이라 믿는다.

열등감이란 나에 대해서 부족한 것을 찾아내야 해서 별로 느끼고 싶은 감정은 아니다. 난 내가 무엇이 부족한지 잘 알진 못한다. 다른 친구들을 보면서 부러워만 하지 내가 뭐가 부족한지 굳이 찾아내지 않는다.

내가 내 부족한 점이 뭔지 알아야 할 텐데 알려고 하지 않아서 내가 성장을 안 하나 보다. 이제 깨달았다. 내가 성장하지 못하는 이유. 내 부족함이 뭔지 이제부터라도 찾아봐야겠다.

미움

도깨비 바늘

옛날에 같은 반 친구를 정말 미워했었다. 처음에는 단순한 의견 충돌이었다. 하지만 내가 갈무리하지 못한 채 아무렇게나 던져버린 미움은 그 친구에게도 서서히 스며들었고 사이는 걷잡을 수 없이 틀어졌다. 그렇게 약 반년 동안 나와 그 친구는 서로 말도 안 한 채로 살았다. 사실 싸운 지 두 달이 지났을 즈음에는 싸운 이유가 별로 중요하지 않아졌다. 나는 그 친구를 미워할 명분이 필요한 것에 가까웠다.

누군가를 그만 미워하고 싶다면 그만 미워하면 된다.
어쩌면 무의식 속에서 미움의 이유를 억지로 만들고 있을지도 모를 테니.

부정적인 감정은 대체로 끈적거리고 가벼워서 금세 옮겨붙고 쉽게 떨어지지 않는다. 심지어는 그 존재감마저 커서 잘 잊히지도 않는다. 그렇기에 나에게 미움은 가장 최고의 시간 낭비다. 사랑하기만 해도 부족한 시간에 미워하는 것까지 하려니 너무 바쁘다.

집착

내 외모가 너무 밉다.

예전부터 내 외모를 좋아한 적은 없었다. 어느 순간 살이 미친 듯이 쪘고, 피부가 망가지면서 자존감이 바닥을 쳤다. 마스크 없이는 밖에는 나가지 않는 지경에 이르렀다.

원래도 낯을 가리는 성격이었는데 자존감이 낮아지면서 나에게 다가와 준 친구들을 내쳤다. 항상 의기소침해 있으니 행동도 소심해지고 사람을 피해 다니니까 다들 날 불쌍한 사람으로 생각했었다. 마스크를 벗기 싫으니 급식을 먹으러 가지 않았고, 담임선생님께서는 내가 왕따라고 생각하셨다. 그리고 무엇보다 나에게 다가와 주는 친구들은 '불쌍한 애, 시간 남으니 한 번 놀아주자~'는 느낌으로 다가와 나에게 말을 걸었고, 어색해하는 나를 보며 자기들끼리 수군거리며 웃었다.

진정한 찐따로서의 오역과 자격지심이었다.

이렇게 우울증과 자기혐오에 시달리면서 발전 없이 1년 반을 그냥 보내버렸다. 매일 거울을 보면서 울었고, 옷은 무조건 빅사이즈를 골라야 했다. 사람들과 마주하는 게 무서워 대중교통을 타는 것조차 싫어했었다.

물론 계속 저런 상태로 지내고 있는 건 아니다. 아직 외모에 대한 집착을 버릴 순 없지만, 많은 노력을 해서 예전의 찐따였던 모습은 조금 지웠다.

장윤서

그래도 긍정적인 쪽으로 크게 바뀌지 않는 이유가 전부 내 외모와 성격 때문이라는 생각이 들면서 더 내 외모를 미워하게 되었다.

언제쯤 내 외모를 있는 그대로 사랑할 수 있는 날이 올까?

인간관계

인간관계에서 미움을 느낀다. 인간관계에서 한 번 미움이 생기면 되돌리기 힘들다.
하지만 오랜 시간 이후에 다른 사람에 의해 회복이 될 수 있다.
모든 것에서 회복을 했지만 잘 맞지 않을 때는 원상 복구도 된다. 나는 인간관계가 원상 복구되는 게 많다. 미웠던 관계가 쉽게 돌아오질 않는다. 그것 때문인지 내가 했던 행동을 후회한다.

미웠던 게 다시 괜찮아질 때도 있다. 그럴 땐 '아 그냥 넘어가자' 이런 생각으로 대수롭지 않게 지내서 그런 거다. 하지만 이런 일이 계속되면 미움이 싫어짐이 된다. 싫어짐이 되돌리기 더 힘든 시간이 된다. 시간은 한 번 지나면 되돌릴 수 없다. 또, 시간이 지나기 때문에 내가 했던 말도 되돌릴 수 없다. 미움도 쌓이면 싫어짐이 돼서 되도록 미움이 쌓이지 않으려고 내가 참거나 미움을 다시 회복하기 위해 노력한다.

나에게 미움은 탈모다.
탈모는 머리카락이 한 번 빠지면 다시 되돌리기 힘들지만 다른 사람에 의해 머리카락이 다시 심을 수는 있다.
또한 잘 맞지 않으면 원상복구 된다.

깨달음

미움이란 감정은 사회에서 사람들과 마주하고 부딪히며 쉽게 느껴지기 마련이다.
다른 사람에 대한 미운 감정이 생기면 그것을 바로 터놓고 말하는 사람이 있고, 말하지 못하고 마음속으로만 담아두는 사람이 있다. 나는 이 부류 중 후자에 속하는 편이다. 상대방에 대한 안 좋은 마음이 내 눈에도 보이고 마음속으로 다 읽히지만 다 알면서도 말하지 못하고 마음속으로만 미움이란 감정을 계속 키워나간다. 이런 모습을 상대방은 그냥 모른다고 생각하는 건지, 알면서도 이런 모습을 이용하려고 하는 건지도 모른다.

나는 지금까지 미움이란 감정을 표현하지 않고 마음속으로만 숨기고 있었다. 하지만 최근에 직접 부딪혀 보고, 이야기를 나눈 다음에야 상대방의 행동이 고쳐지는 것을 보고 새롭게 깨닫게 되었다. 그 사람에 대한 감정을 내가 표현하여야 그 사람도 알고, 안 좋은 모습과 행동을 고쳐나갈 수 있다는 것을..
그전에는 '내가 조금만 참으면 괜찮아지겠지'라고 생각하고 넘어갔었더라면 이제는 미움의 원인에 대해서 상대방과 이야기를 나누는 것에 대한 중요성을 느끼고 있다. 이야기를 나누어야 그 사람도 잘못을 깨닫고 서로 맞추며 풀어갈 실마리를 찾을 수 있기 때문이다.

정세빈

미운 정

첫 미움은 6살, 내 사탕을 뺏어 먹었던 같은 유치원에 남자아이였다. 정리를 잘해 칭찬으로 받은 체리 사탕을 그 아이가 뺏어 먹었고 난 그 자리에서 엄마를 찾으며 울었다. 그 아이는 친구들과 날 놀렸고 난 걔가 너무 싫었다. 사실 그러고 나서 30분 뒤엔 같이 소꿉놀이를 하며 티격태격하며 놀았다.

내 두 번째 미움은 엄마였다. 우리 엄마랑 나는 자주 싸운다. 성격은 서로 너무 닮았는데 왜 이렇게 싸우는지 알 수가 없다. 밥으로 싸우고 뭐 청소는 말할 것도 없다, 매번 잔소리에 그냥 짜증이 난다. 내가 하고 싶은 대로 원하는 대로 들어주지 않으면 정당한 이유에도 이기적이지만 그마저도 미워진다. 내가 TV에서 본 얘기인데 뇌에는 타인과 나를 인식하는 뇌가 있는데 타인이 나와 가까울수록 뇌가 그 타인을 나로 인식한다고 한다. 나는 나를 통제하지 못함으로써 미움이 드는데 내 마음대로 통제하지 못해서 짜증이 나는 거라고 한다. 근데 그 사람이 엄마라고 한다.

나는 누군가든 미워한다는 감정이 자주 들었다. 사랑도 질투도 애정도 미움으로 바뀌었지만 세상을 살아가면서 투박한 미움을 겪고 나니 세상을 미움만으로 살아갈 수 없다는 걸 알았다.

좀 신기하다. 혹시 내 이기심에 누군가를 미워하는 건 아닐까, 아니면 어쩌면 내가 가장 좋아하는 사람이기에 미워하게 되는 거 아닐까.

그 친구(1)

중학교 때 친한 친구가 있었다. 다른 친구로 인해서 나와 그 친구의 사이는 멀어지게 되었다. 한 번 멀어지게 되니까 그 친구가 많이 미워졌다. 그 친구의 잘못도 아니고 내 잘못도 아닌 서로에게 오해가 생겼던 것 같다. 내가 정말 좋아하던 친구여서 다시 친구와의 사이를 좁혀보려고 노력했지만, 그 친구는 내가 다가가려고 하면 피하고 말도 안 섞고 나를 모르는 척했다. 그때 나는 아직 어리숙해서 상황이 좋게 흘러가지는 못했다.

그 친구를 향한 미움이 끝도 없이 커져만 갔고 그 상황을 해결할 만한 좋은 방법이 떠오르지 않았다. 결국 그 친구와는 졸업 때까지 화해하지 못했다. 난 아직도 그 친구와의 관계를 어떻게 해결하면 좋았을지를 생각 못 했다. 내가 성장하면서 그 답을 찾을 줄 알았는데 아직도 찾지 못하고 있다.

그 친구와는 연락도 안 하고 살고 있지만, 가끔 그 친구가 떠오르면 잘 지냈으면 좋겠다고 생각한다. 미움이라는 게 꼭 나쁜 뜻으로만 생각하진 않는다. 미움으로 인해서 더 넓게 생각할 수 있으니까.

후회

늪

나는 거의 매일매일을 후회하며 산다.
'이 음식 맛있을 줄 알고 시켰는데 별로네', '조금 더 싸게 살 수 있었는데', '아까 이런 식으로 말했으면 더 좋았을 텐데' 같은 가벼운 후회부터 정말 깊은 후회까지. 내가 생각이나 고민을 오래 하고 행동하는 편이 아니어서인지 예전부터 항상 후회라는 말을 입에 달고 살았다.

누군가는 이미 지나간 일에 대해 후회하는 것이 미련한 짓이라고 말한다. 완전히 틀린 말은 아니다. 하지만 조금 더 긍정적인 시선으로 바라보는 것은 어떨까? 시킨 음식이 별로라면 다시 안 시키면 되고, 물건을 더 비싸게 샀다면 다음부터 잘 알아보고 사면 된다. 이렇듯 우리는 후회를 통해 조금씩 배워간다.

중요한 것은 후회에 너무 깊게 빠져들지 않도록 하는 마음가짐이다.
나 자신을 탓하기보다는 위로하며 후회를 잘 벗어나 보자.

내가 뭔데

중학교 시절 나는 사람에게 먼저 다가가는 사람이 아니었다.

소심한 성격 때문인가 어색함을 참을 수 없어 친구들과 마주하는 상황을 회피했다. 그런 소심했던 나에게 먼저 다가와 준 친구들은 많았다. 그 친구들은 엄청 이쁘고, 공부도 잘하고, 운동도 잘하는 애들이었다. 하지만 그런 멋진 친구들을 나는 내쳐버렸다.

내 이런 행동 때문에 지금은 중학교를 같이 나온 친구 중 연락하는 애가 두 명뿐이다.
그 친구들도 내가 먼저 다가가지 않고 나에게 먼저 다가와준 친구들이다. 덕분에 외롭지 않게 학교생활을 보낼 수 있었다. 하지만 그 친구들과 편해지면서 유독 한 친구를 엄청 굴렸다. 무슨 행동을 하면 아니라고 타박했다. 편하니까, 친구니까 그 친구의 의견은 무시하고 내가 하고 싶은 대로 굴다. 하지만 편하다는 이유로 남을 무시하는 건 당연하게도 틀린 생각이었다. 그 친구는 영문도 모른 채 당하기만 했고, 난 내 잘못을 한 참이 지나서야 인지할 수 있었다.
그렇게 내 잘못을 깨닫고 그 친구를 바라보았을 땐 이미 그 친구는 나와 조금 어색해진 뒤였다. 그러다가 같은 시기에 비슷한 이유로 인간관계에 지침과 분노를 느끼게 되어 서로에게 의지하는 시간이 많아졌다.

그러다 친구사랑주간이 겹쳐서 미안함과 고마움을 담은 편지를 서로 주고받게 되었다. 그 친구는 나에게 글이 가득 찬 편지를 써주었다. 내용은 나에 대한 칭찬과 자신이 왜 쌀쌀맞게 굴게 되었는지, 요즘 자신은 어떠한지 자세히 적어준 편지였다. 하지만 나에게 서운한 부분은 완전히 배제하고 자신의 잘못과 고마움 만을 서술한 편지였다. 그 편지를 받고 많은 위로가 되어주었다. 그래서 그에 보답하기 위해 나도 편지를 적었다. 너에게 쌀쌀맞게 군 건 나였다고, 네가 너무 편해져서 너에게 막 대하는 날들이 많았던 것 같았다고 진심을 담아 사과를 했다.

아직까지도 그런 착한 친구를 왜 편하다는 이유로 막 대했는지.. 너무 후회스럽고 미안한 마음이 가득 든다.

행동

나는 시험을 보고 후회한다.
나는 아침에 알람을 끄고 다시 잤을 때 후회한다.
나는 아침에 알람 소리를 들었을 때 후회한다.
나는 내가 내린 결정에 후회한다.
나는 내가 거절했을 때 후회한다.
나는 내가 생각하지 않고 말했을 때 후회한다.
나는 내가 생각만 하고 말하지 않았을 때 후회한다.
나는 친구한테 했던 말에 후회한다.
나는 친구한테 해주지 못했던 말에 후회한다.
나는 물건을 구매했던 걸 후회한다.
나는 물건을 구매하지 않은 걸 후회한다.
나는 내가 약속을 만들었을 때 후회한다.
나는 내가 약속을 취소했을 때 후회한다.
나는 현재를 후회하다 보면 더 앞에 일어났던 일도 후회한다.

나는 위와 같은 많은 후회를 할 걸 알면서도
그 행동을 또 한다.

해답없는 반복

나의 행동, 말에 대한 후회를 가장 많이 느끼는 요즘인데, 이런 일이 있을 때마다 '말, 행동 조심해야지'라는 생각을 매일 하면서도 같은 실수를 또 한다.
내가 누군가에게 말을 하면 그 말은 분명 다른 사람에게 옮겨가기 마련이라는 것을 안다. 모든 걸 다 알면서도 분위기에 못 참고 항상 내 머릿속에 있는 말을 꺼내곤 한다. 나는 항상 하루에 있었던 일을 자기 직전 누워서 되돌아보는 편이다. 그럴 때마다 항상 오늘 내가 어떤 말을 했는지 생각해 보곤 하는데, '아... 그 말은 그냥 하지 말걸' 하면서 항상 후회를 한다. 이런 생각들을 하느라 잠에 못 들은 적도 대다수이다. 한번 한말은 되돌아올 수 없기에 더 큰 후회를 가져온다. 그러기에 나의 행동에 대해 더욱 신경을 쓰면서 조심하여야 하는데, 이런 것을 모르는 사람은 없을 것이다. 다들 이런 사실을 아는데도 나의 행동을 스스로 조절하지 못해 똑같은 실수가 반복되는 것이고, 똑같은 내용의 후회를 하는 것이다.

사실 나는 후회하는 행동을 하지 않겠다고 항상 다짐하지만 항상 후회하는 행동을 하고 스스로 후회를 하지 않게 행동하는 방법을 아직 제대로 찾지 못하였다.
후회라는 감정은 나에게 아직 해답을 찾기 어려운 숙제 같다.

혹시 방법을 아시는 분....
meero730914@gmail.com

정세빈

괜찮다

난 어릴 때부터 후회를 많이 했다. 사소한 일에도 후회하며 자책을 했다. 항상 내 잘못을 되돌아보고 곱씹었다. 내가 왜 그랬지, 그냥 조용히 있을 걸 하면서 말이다. 이불킥도 하고 인형도 때려보고 베개에다 화풀이하고 내가 완벽하길 바랐다. 실수 없이 완벽한 하루를 보내고 싶어서 내내 후회하는 날들만 보냈다. 근데 지나고 보니 내가 무엇을 왜 후회했는지 잘 모르겠다는 생각이 들었다. 상대도 그냥 지나간 시간으로 기억하고 있었다. 내가 너무 나한테 혹독했다는 걸 알았다.

실수할 수도 있지, 후회할 수도 있지. 괜찮아 다음에 잘하면 될 거야 하는 생각들을 하기 위해 노력했다.

이미 실수한 걸 후회한다고 달라질 건 없었다. 그냥 다음에 잘하면 되는 거였다. 그렇게 자책할 필요도 후회할 필요도 없었다. 열심히 한걸로 이미 난 내 할당량을 끝냈다.

지난날에 실수했다고 내내 후회하지 말고 다시 일어나 할 수 있는 일들을 다시 하면 된다. 자책하지 말고 오늘 수고했다면서 맛있는 음식으로 위로하고. 후회하면서 지난 하루에 매달리기보단 보내야 하는 날들은 너무 소중히 여기는 게 멋있다. "오늘도 멋있었다."

그 친구(2)

그 친구와는 새 학기가 아니라 시간이 좀 지나면서 친해졌다. 연락도 자주 하고 학교에서도 같이 다녔다. 성격도 잘 맞아서 같이 다니면 재밌었다. 나랑 잘 맞던 친구여서 다툴 일은 없을 줄 알았다. 그 친구는 새로운 친구와 잘 지냈다. 새로운 친구와 나도 아는 사이여서 잘 지냈다. 어느 날 나와 새로운 친구에게 작은 갈등이 생겼다. 그 친구는 내 잘못이 아닌데 내 잘못으로 몰아갔다. 내가 그때 조금 더 잘 생각하고 행동했으면 이런 일이 일어나지 않았을 텐데, 자책을 많이 했다.

그 생각이 2년 내내 날 따라다녔다. 그 친구는 화해할 생각이 없어 보여서 말도 못 걸었다. 난 그 친구와 풀고 싶은 마음에 연락도 많이 했었다. 그땐 친구를 잃고 싶지 않은 마음에 더 초조해하고 더 마음 졸이며 살았던 것 같다. 웃는 게 이쁜 친구였는데 그 웃는 모습을 마주 볼 수 없어졌다. 후회는 되돌릴 수 없다. 그러므로 지금을 열심히 살아야 한다. 나중에 후회할 일 없도록….

꿈

자각몽(自覺夢)

어릴 적에는 사람을 살리는 게 멋있어 보여서 막연히 의사를 꿈꿨었다. 어느 날은 치어리더가 되고 싶었고, 또 어떤 날은 변호사가 되고 싶었다. 하루마다 3개씩 하고 싶은 것들이 생겨났지만 그 많고 많던 꿈들은 시간이 지날수록 세 개, 두 개, 한 개…. 점점 줄어 들어갔다. 아마 나에게 걸었던 수많은 제약 때문이 아니었을까.

1. ~~의사 : 공부 잘해야 함~~
2. ~~화가 : 돈 벌기 쉽지 않음~~
3. ~~모델 : 신체적 한계~~
.
.
.
205. 졸부 : 가능성 있음(로또 당첨)

그렇게 꿈 아닌 꿈 하나만을 가진 채로 나는 중학생이 되었다. 중학생 때부터는 학교에서 나의 진로와 관련된 수업을 시작했다. 첫 수업에서 다음 시간까지 자신의 진로를 작성해오라는 과제를 받았지만 아무리 생각해 봐도 떠오르는 게 없었다. 간신히 떠올린 몇 가지 꿈조차 나와는 안 어울린다는 이유로 탈락해 결국 과제는 백지로 제출했다.

생각해 보면 이른 자각 때문이었던 것 같다. 다른 사람들은 아무 생각 없이 꿈만 꾸는 시기에 지금 내가 하고 싶은 것들이 꿈같은 일이란 것을 너무 일찍 깨달았다. 너무 일찍 꿈에서 깨어났다.

그래서 이 글을 쓰는 지금은 꿈을 정했냐 하면
아니요... 저 아직 못 정했어요.

직업은 아닙니다

나는 꿈이 없다.

정확히는 하고 싶은 직업이 없다. 특출 나게 잘하는 건 없고, 그렇다고 공부를 잘하는 것도 아니다. 그렇다 보니 내가 뭘 잘하는지, 뭘 좋아하는지 조차 모르고 있다. 아직 꿈은 없는데 성인이 되는 길은 금방이니까 언제든 원하는 곳에 취업할 수 있도록 취업하신 선배님들께서 남겨주신 취업 관련 글귀도 빠짐없이 보고 있고, 자격증 취득 준비도 늦지 않게 계속 공부하고 있다.

이렇게 노력을 하고 있지만 이쁘고, 공부도 잘하는 친구들이 주변에 너무 많이 있어서 내가 과연 그 애들을 제치고 취업을 할 수 있을까?, 날 필요로 하는 회사가 있기는 할까? 하는 고민만 쌓여가고 있다. 고민과 함께 스트레스도 엄청 쌓였다.

그래서 나는 내가 잘하는 것을 찾는 것에 손을 털고, '나'라는 사람을 모두가 원할만한 다재다능한 사람으로 바꾸는 데 온 힘을 쏟고 있는 중이다.
자신감 있는 모습을 인위적으로 만들어 친구들에게 다가가 넉살 좋은 '나'를 만들고, 바쁜 학교활동이 몰아치는 와중에도 공부를 열심히 하여 등수를 10% 대로 유지하려고 노력하고 있다. 그렇게 노력한 끝에 꿈에 대한 내 생각을 정리할 수 있었다. 현재의 내 꿈은 언제든 원하는 곳에 갈 수 있도록 준비된 나를 만들어 무시받지 않고 사는 것이다. 꿈은 꼭 의사, 판사, 검사처럼 직업으로 딱딱 정해

져야 하는 줄 알았지만 생각해 보니 꼭 어떤 직업으로 정의하지 않아도 된다.

내가 생각하는 꿈은 내가 만들어가고 싶은 내 모습을 정의한 것이다.

리더

꿈은 실현하고 싶은 희망이나 이상이다. 내 꿈은 리더다. 만화 속의 해적왕처럼, 때로는 내가 회사를 이끄는 리더가 되고 싶다.
누군가를 이끌어 부족한 상황이어도 성공으로 만들어내고 싶다.
수학여행을 갔을 때 그 누구도 낙오되지 않고 어울릴 수 있도록 하고 싶다.
많은 이들의 각자 장점을 모아 성공을 이룰 때까지 그만두지 않을 거다.
나와 함께 친구들을 한 곳으로 모아줄 친구, 물품을 챙겨줄 친구 등 장점을 살려 서로 도우며 성공으로 나아갈 수 있도록 할 거다.
모두가 나를 믿어줄 때까지, 나를 믿고 함께 할 때까지 노력할 거고, 나도 그 친구들을 믿을 거다.

그래도 꿈에 대해서 나는 가끔 궁금증이 생긴다.
꿈은 한 단어로 정해져 있는 건가?
꿈을 위해서는 모든 걸 다 걸어야 하는 걸까?
내가 할 수 있는 끝까지 해야 이룰 수 있는 걸까?

그럴 때마다 난 '내 꿈이니까 내 자유인 거지', 꿈에 모든 걸 다 걸지 않고 꿈을 위해 하는 일 하나하나에 진심을 다하고 그런 나를 스스로 응원하면 돼라고 다짐하고 내 꿈을 위한 모임이나 인스타 계정을 찾아보는 등 여러 빙법을 통해 꿈을 향해 나아간다. 그럼 어디서든 배우고 성장해서 꿈에 다가갈 수 있을 테니까. 항상 그래왔던 나를 믿는다.

노력

어릴 적부터 매년 학교에서는 내 꿈을 물어보고 내 꿈을 적으라곤 한다. 그럴 때마다 중학교 때까지 항상 스튜어디스라고 적곤 하였다. 고등학교를 준비하며 현실적으로 미래를 계획하고 고민하는 시간을 가진 적이 있다. 어릴 적부터 나는 항상 내 마음속 가장 멋있는 직업으로 생각하였던 승무원을 장래희망으로 고르곤 하였지만 영어를 잘 못하는 나한테는 그냥 상상 속으로만 가능한 직업이었다. 그래서 안정적이고 내가 나이를 먹어서도 계속 다닐 수도 있는 일반적인 직장을 다니는 것이 좋을 것 같다고 생각하여 회사 취업을 우선시하는 특성화고를 선택하게 되었다. 물론 회사 생활 관련 일을 배우는 것은 다행히도 내 적성에 맞기에 내 선택에 후회를 하진 않는다. 하지만 내가 어릴 적부터 꿈꾸었던 승무원이라는 직업이 가끔씩 생각난다.

보통 우리 사회는 현실의 벽에 부딪혀 자신이 정말 꿈꾸는 쪽보다는 현실, 미래를 생각하며 꿈을 꾸고 장래희망을 정한다. 사실 나는 꿈을 어떻게 정하든 정한 것에 대해 집중하여 그 분야에 최선을 다하면 된다고 생각하는 편이다. 미래지향적을 염두에 두고 장래희망을 정한 만큼, 분야에 최선을 다해 고등학교 시절을 보내고 남보다 뛰어나게 잘하진 못하더라도 평균은 가는 안정적이고, 오랫동안 머물 수 있는 직장에 들어가 미래를 계속 꿈꿔 나가고 싶다.

정세빈

평범

꿈은 무궁무진하다. 잠잘 때의 꿈, 직업, 하고 싶은 일 뭐 등등. 그래서 그런가 다가가기가 어려운 단어인 거 같다. 어릴 때는 꿈이란 게 오직 직업뿐이었는데 크고 보니까 또 아닌 거 같다.

 초등학교 땐 아나운서라는 꿈을 꽤 오래 가졌다. 그냥 막연하게 그 직업이 멋있어보여서였다. 그다음 꿈은 초등학교 선생님이었는데 선생님은 공부를 엄청 잘해야 한다는 사실을 나중에 깨닫고 빨리 접었다. 그렇게 많은 꿈을 거친 난 그냥 안정적인 삶이라는 결과에 다다랐다. 너무 특별하지도 않은 너무 하찮지도 않은 그냥 남들과 똑같은 삶이 살고 싶어졌다. 사실 평범이라는 게 세상에서 제일 어렵긴 하지만 그 어려운 걸 해내고 싶어진다. 어릴 때 꿈이 확실했던 거 같은데, 크면 클수록 흐려지는 꿈들을 이 글을 쓰면서 다시 생각해 본다. 내가 뭘 하고 싶은지, 어떤 사람이 되고 싶은지, 어떤 직업을 바라는지, 어떻게 살고 싶은지.

 사실 난 꿈에 관한 질문을 안 좋아한다. 그런 자세한 질문들은 물음표를 만들고 하루 종일 날 힘들게 한다는 걸 알아서인지 그냥 회피만 하고 싶어진다. 그럴 수 없다는 걸 알지만 나에겐 아직 버거운 질문인 거 같다. 그래서 유튜브를 켜고 어김없이 검색창에 '꿈' 뭐 이런 단어를 찾아보다 하고 싶은 거 하는 법이란 썸네일을 봤고 그곳엔 자신감을 가지고 하라고 쓰여있었다. 첫 번째 책 읽기, 하기가 싫다. 두 번째 일기 쓰기, 이건 할 수 있어 보인다. 책상에서 공책을 하나 꺼내 일기를 써본다. 내가 어떤 하루를 보내고 있는지 어떤 생각을 하는지 손으로 하나씩 적고 돌아보면 언젠가 정답이 나오지 않을까 하는 생각이다. 꿈을 꾸기 무서워도 꿈에 다가가려고 노력 중이다.

꿈

나의 첫 꿈은 성우였다. 성우라는 꿈이 너무 좋아서 끝까지 놓지 않고 중학교를 올라와서 꿈은 성우라고 말했다. 하지만 중학교에서 학년이 점점 올라갈수록 성우에 대한 꿈은 접게 되었다. 성우를 직접 배울 수 있는 곳이 적었고 내가 진심으로 하고 싶어 하는 일이 아닌 것 같아, 다른 꿈을 찾기 시작했다.

처음 카메라를 갖게 된 후 나의 두 번째 꿈이 펼쳐지기 시작했다. 사진작가. 사진작가가 쉬운 일은 아닌데 카메라가 생겼다고 막연히 꾼 꿈이었다. 고등학교 올라와서 현실적으로 내가 할 수 있는 꿈을 다시 찾기 시작했다. '평범한 회사원' 결국 돌고 돌아 평범한 회사원이다. 평범한 회사원이 되는 것도 힘들겠지만, 내가 할 수 있는 것 중 가장 쉬운 일인 것 같다. 아직 내가 하고 싶은 것은 많다. 잡지 에디터, 사진작가도 아직 나의 꿈 리스트에서 사라지지 않았다.

내가 하고 싶은 것을 하려면 하기 싫은 것도 해야 하기 때문에 쉬운 일이 될 것 같진 않다. 하고 싶다고 다 할 수 있는 건 아니지만, 아직 나에겐 남은 시간이 많으니 그 시간 동안 할 수 있는 노력은 다해야겠다. 포기하지 않으면 분명히 모두에게 좋은 일은 온다. 그러니 모두 포기하지 말고 자신이 하고 싶은 일을 위해 달렸으면 좋겠다.

행복

Back To Decemver

12월 7일
새벽에 숨을 들이마실 때는 마치 내 몸이 겨울 그 자체가 된 것 같다. 폐까지 겨울 눈꽃으로 가득 채워질 것만 같은 그 시린 느낌이 좋다.

12월 25일
눈 오는 날 거리는 연인들의 사랑스러움으로 가득 차고 영원히 반짝거릴 듯 빛이 난다. 손이 얼어붙을 듯 차가운 바람에도 굳이 상대방 손의 온기에 기대는 연인들의 비효율적인 모습들이 좋다. 따뜻한 입김과 캐럴들로 가득 찬 그 거리가 좋다.

12월 31일
어느새 한 해의 마지막 날을 맞은 사람들의 떠들썩함이 좋다. 각자 보내고 싶은 것들로 가득 채운 하루의 부지런함이 좋다.

이렇게 12월이 지나가면 나는 12월의 기억들로 또다시 행복을 느낀다.

이름

나에게 행복은 '이름'이다.

중학교 때 시를 한 편 배웠었다. 김춘수의 '꽃'이라는 시인데 처음 이 시를 배웠을 중2 때에는 그 시의 내용을 이해하지 못했다. 그러다 저 시가 생각났다. 최근, 나에 대한 불신이 생기면서 뭔가 남들에게 당장이라도 원래 내 존재가 없었던 것처럼 잊힐 것 같은 두려움이 몰려들었다. 생각이 많아졌었다.

그때 한 친구가 나에게 다가와 관심을 가졌다. 아무도 나에게 말 안 걸고 그렇게 외롭게 하루가 끝날 줄 알았는데 그때 갑자기 관심을 받게 되어 약간 멍~해져서 기분이 묘하게 들떠있었다. 그 후에도 학교 선생님들께서도 나를 좋게 기억해 주신다는 걸 알게 되고, 친구들과 친근하게 인사를 하면서 행복감을 느꼈다. 다른 반에서 친구가 새롭게 생겨나 사이가 돈독해지면서 내 삶에 활력이 돋는 기분이 들었다.

이게 다 다른 사람들이 내 존재를 알고 내 이름을 불러주어서 생긴 행복이라 생각한다. '꽃'이라는 시 또한 이런 내용이다. 서로의 이름을 부르기 전에는 관심도 없는 관계였다가 이름을 부르게 되면서 서로를 인식하기 시작하여 서로에게 기억에 남는 존재가 되고 싶다는 내용을 가진 시이다. '꽃'을 배운 지 2년이 반이 넘게 지난 시점에서야 비로소 그 시를 이해하고 공감할 수 있었다. 그 시는 내 이름이 불리었던 때에 상황처럼 매우 행복하고 설레는 내용의 시였다. 나는 자극적인 내용들, 자극적인 음식들, 성취감에서만 행복을 느꼈었다. 하지만 지금, 남에게 잊히지 않고 지속적인 관심을 받는 것도 생각보다 어려운 일이고, 또 어려운 만큼 행복한 일이라는 것을 배웠다.

나도 나에게 행복을 가져다준 친구처럼, 남에게 행복을 가져다줄 수 있는 사람이 되었으면 좋겠다.

행복은

"당신은 행복을 언제 느끼시나요?"
저는 무심코 했던 행동에서 행복을 느낍니다.

"당신은 언제 행복하신가요?"
저는 무심코 본 하늘이 예뻤을 때, 평소에는 별거 아니라고 생각했는데 어느 순간에는 특별해 보일 때, 별거 아닌데 웃길 때, 좋았던 추억 생각할 때, 누군가와 함께할 때입니다.

'언제'와 '행복'의 자리만 두 질문에서 바꿨을 뿐인데 저는 두 질문 중 두 번째 질문에서 더 많은 시간을 보냈습니다.
"여러분은 두 질문에 시간을 얼마나 보내셨나요?"

다들 한 번씩은 자신이 행복을 언제 느끼는지, 언제 행복한지에 대해 생각해 보는 것도 좋습니다. 행복한 기억을 떠올리면 조금은 편해지고, 나중에 또 그런 순간이 다가와서 옛 기억을 다떠올렸을 때 웃을 수 있는 시간이 옵니다.
많은 생각을 하고 경험하면서 자신이 행복한 순간, 추억을 만들어봅시다.
그렇다면 그 순간만큼은 후회스럽지 않은 당신이 될 수 있습니다.

김시은

언니

나는 행복이란 감정을 느낀 시간 중 언니와의 시간이 가장 크게 떠올랐다. 평소 나는 혼자 있거나, 혼자 하는 일들을 별로 안 좋아하는 스타일이다. 그러기에 혼자 밥 먹는 것은 더더욱 별로 안 좋아하고, 먹더라도 잘 못 먹는 타입이다.

언니는 고등학교가 멀기에 학교 근처에서 따로 사는 편인데 그러다 보니 언니와 한 달에 3~4번 정도 본다. 만날 때마다 서로, '만나서 어떤 거 먹지?'라고 톡을 보내며 고민을 하고 서로 의견을 나누며 먹을 메뉴를 정하는 편이다. 언니와 함께 먹을 메뉴를 정할 때면 설레고 재밌는 감정을 느낀다. 그리고 언니가 집에 와서 정한 메뉴를 함께 먹을 때면 가장 맛있는 음식의 맛과 행복한 감정을 느끼곤 한다.

지금 17살, 나에게 행복이란 별거 없는 것 같다. 아끼는 사람과 맛있는 음식을 먹거나, 소소한 행동 하나하나가 가장 큰 행복으로 다가온다. 굳이 크고 대단한 일이 아니면서, 누군가에게는 당연한 행동이 나에게는 행복이란 감정으로 다가올 때가 있는 것 같다.

정세빈

레시피

나한테 행복은 일시적일지도 모르는 불안한 감정이다. 모든 게 잠시의 행복이라고 생각할 때가 많다. 그래도 난 맛있는 걸 먹었던 순간들이 그렇게 좋다. 맛있는 걸 먹으면서 그 순간만큼은 불행할 일이 없어서이다.

우리는 살면서 가끔 행복을 잊어버리며 살곤 한다. 너무 바빠서 행복을 누릴 시간조차 없어져가니까. 그래서 요즘 일기를 쓰면서 찾아보고 있다. 그동안에 썼던 일기를 보니 편의점에서 간식을 사서 하나씩 먹을 때도, 요리를 해서 음식을 먹을 때, 따뜻한 날씨에 안길 때면 웃음을 짓곤 했다. 살면서 여유를 부릴 시간이 없는 내가 가장 좋아하는 음식 레시피를 적어본다.

스팸 돈부리 레시피

[재료]
(1인분) 스팸, 양파 반 개, 계란 2개, 간장, 설탕, 밥 한 공기

[만드는 법]
1. 양파 반 개를 썰고 스팸도 적당한 두께로 길게 썰어준다. 계란 2개도 미리 풀어둔다.
2. 팬에 스팸을 초벌 정도로 굽고 스팸을 구운 팬에 양파 반 개를 넣어 볶아준다.
3. 간장 3스푼, 설탕 2스푼, 물 종이컵 1컵을 넣고 중불에 졸여주면 됩니다.

4. 소스들이 졸면 약불로 줄이고 계란물을 부어준다.
5. 계란이 달라붙지 않게 젓가락으로 저어주고 약불에 한 80% 정도 익혀줍니다.
6. 하나로 뭉쳐진 스팸 계란를 하얀 밥 위에 얹어줍니다.
7. 맛있게 드시고 행복해하시면 됩니다.

바다

바다 한가운데에 서 있으면 얼마나 행복할까, 이 생각 하나로 바다에 가고 싶다는 생각에 빠져 하루 종일 바다만 떠올렸다.

바다에 가고 싶다는 생각을 계속하던 때 딱 시간이 맞는 날이 있었다. 그날은 자격증 시험을 보러 갔다가 바다로 가는 혼자만의 여행이었다. 자격증 시험을 시원하게 말아먹고 바다로 떠났다. 바다에 가기 전에 날씨가 너무 추워서 핫팩 하나를 손에 쥐고 버스를 탔다. 내가 갈 바다는 인천에 있는 어느 한 해수욕장이다. 인천은 처음이라 길이 헷갈렸지만, 다행히도 길을 잘 찾아서 마을버스를 타고 정말 바다로 향했다. 바다에 점점 가까워질수록 내 심장은 요동쳤다.

버스에서 내리고 바닷가를 딱 봤을 때 정말 행복했다. 내가 그리던 바다가 내 눈앞에 있다는 게 기뻤다. 바닷물이 그림처럼 파랗진 않았지만 내가 보고 싶다던 바다가 보여서 행복했다. 바다를 따라 걸어도 보고 주변을 둘러도 봤는데 혼자 온 사람은 나 한 명이었다. 그래도 행복했다.

모래에 앉아서 바다를 한참 바라봤다. 바다의 물들이 부딪쳐 나는 파도 소리, 햇빛을 받아서 반짝이며 일렁거리는 바닷물결 그 모든 아름다움을 내가 끌어안은 거 같았다. 바닷가로 산책 나온 강아지들과 바다의 짠 내음, 주변 사람들의 말소리, 이어폰으로 듣고 있는 내가 좋아하는 노래들 그것들이 나를 행복하게 만들어줬다. 계획도 없이 떠난 바다 여행이라 많이 보고 오지는 못했지만 내가 보고 온 바다는 내 마음속에 오랫동안 간직할 것이다.

위로

변하지 않는 것

나는 내 이야기를 남에게 하는 게 어렵다. 슬픔을 반반으로 나눠가질 수 있다면 참 좋겠지만 난 슬픔도 옮겨간다고 생각하기에 주변 사람들에게는 긍정적이고 좋은 얘기만 해주고 싶다. 그렇게 나 혼자 쌓아 올린 슬픔을 털어야 할 순간이 오면 나는 그 슬픔을 각각 나눠서 한 조각은 바다에, 다른 한 조각은 모닥불에, 마지막 조각은 하늘로 던져버린다.

파도와 수평선은 나에게 다정한 버팀목이 되어주었고 그 파도 소리는 돌고 돌아 나에게 따뜻한 말로 다가왔다.

불꽃 튀는 소리와 함께 타오르는 모닥불은 내게 온기를 내어주었고 깊게 파고든 나를 밖으로 꺼내주었다.

옥상에서 올려다본 하늘은 그냥 예뻤다.
가장 힐링이 된다.

나는 이렇게 위로를 받는다. 하지만 사람들은 저마다 성격도, 받고 싶은 위로도 다를 텐데, 어떻게 위로해줘야 할지 모르겠다. 누군가는 아무 말 없이 곁에 있어 주는 것을 좋아하고 누군가는 우울함에 빠지지 않도록 끊임없이 말을 걸어주는 것을 좋아한다. 혹은 해결책을 제시해 주는 것을 원할 수도 있다. 이런 고민 탓에 나는 '저 사람은 어떤 위로를 더 좋아할까?'라는 딜레마에 항상 빠져 산다.

저와 비슷하신 분들, 그래도 위로를 포기하지는 마시고

일단 뭐라도 해보세요.
어떤 사람에게는 위로하려는 그 노력 자체가 위로가 되기도 합니다.

위로

위로에 대해 좋게 생각하지 않는다. 내가 왜 힘든지, 그게 내 잘못으로 인한 것인지, 아님 타인의 잘못으로 발생한 일인지를 찾아 그 부분을 고쳐야 빠르게 힘든 순간을 해결할 수 있는 거지 슬픔에 빠져 허우적거리는 약자에게 좋은 말은 당장의 안도감을 내세워 회피하게 만드는 행위라고 생각한다. 한마디로 "네가 뭘 잘했다고 울어, 어서 할 일을 해!"인 셈이다. 하지만 이런 내 가치관은 다른 사람에게까지 적용되진 않아서 남들에겐 진심이 담긴 위로를 해주려고 노력하고 있다. 그래서 지금 당장 힘든 당신에게 필요한 위로의 말을 전해주고 싶다.

모두가 같은 생각이겠지만, 세상을 살면서 내 뜻 대로 되는 듯 되지 않고, 즐거운 듯 외롭고 힘들면서, 함께인 듯 혼자이다. 난 착한 사람인 듯 남에게 상처를 주고 후회하고, 하지만 사과를 잘 하진 못한다. 너무 무안해서..
타인이 힘들 때 모른 척하며 회피하고, 혼자 북 치고 장구치는 일도 많고, 나로 인해 갑분싸가 되고, 대놓고 욕을 먹게 되어 슬프기도 하다. 하지만 돌아보면 다 배움이라는 생각이 든다. 모두가 그렇겠지.

내가 잘못했기에 다시 같은 실수를 반복하지 않게 되고, 내가 상처를 받았기에 단단해져 가는 거고, 그런 날 힘들게 했던 배움 덕분에 지금의 내가 사랑하는 사람들과 지속적인 관계를 유지할 수 있었던 것이다. 니의 실수를 인정할 줄 알고, 창피해할 줄 알고, 타인이 조금이라도 나보다 더 편했으면 하는 마음에 손해를 보는 일도 일상에 번

장윤서

번이 있는 당신이, 타인에게 어떻게 보일지 매일매일 울며 고민하는 당신이 나는 너무 멋있다고 생각한다. 슬픈 기억이 오래 남는 건 언제든 새로운 꽃이 되어 세상을 아름답게 만들라는 운명이 내어준 과제인 것이다. 원래 꽃은 피고 지니까 내 뜻대로 되지 않는 삶을 너무 나쁘게만 생각하는 건 짧고 소중한 내 인생에 너무 아까운 시간낭비에 불과하다.

대부분의 사람들이 실수=배움이라는 것을 알지만 꼭 이런 생각은 스스로에게 상처를 잔뜩 주고 나서야 들게 한다.

위로가 되었을 진 모르겠지만, 그래도 내 진심을 알아주었으면 좋겠다.

음악

나에게는 스트레스가 있다. 공부 스트레스, 인간관계 스트레스, 감정 스트레스 등 많은 스트레스들이 하루에도 몇 번씩 생긴다. 스트레스가 계속 쌓이면 힘들어지고 지쳐서 위로받고 싶어진다. 내가 위로 받고 싶을 때 누군가 위로해주면 좋겠다. 나 혼자 스스로를 위로하는 것보다 다른 사람이 위로해주는 것이 훨씬 효과적이고 가장 좋은 위로 방법이다.

만약 남으로부터 위로 받을 수 없는 상황일 때 나는 그 상황에서 벗어나는 방법이 있다. 눈을 감고 아무 생각 없이 쉬는 것도 좋다. 하지만 노래를 들으면서 가만히 눈을 감고 있는 방법도 있다. 나는 주로 눈을 감고 노래를 듣는다. 내가 힘들 때, 위로받고 싶을 때 듣는 노래가 있다. 난 '위로'와 '괜찮아'를 듣는다. '위로'를 들으면 내가 이 노래의 주인공이나 노래를 부른 가수가 된 것처럼 나 자신을 위로하는 기분이 든다. 또 '괜찮아'를 들으면 남에게는 보이지 않는 숨겨진 내 아픔이 잊히고 참았던 눈물이나 없던 눈물이 나와서 눈물이 멈춘 후에는 막혀있던 내 마음이 풀리는 기분이다.

나에게 음악은 나를 위로해 주고 편안하게 만들어주는 존재다.

김시은

로봇 위로

보통 생활 속에서는 위로를 해주는 사람과 위로를 받는 사람으로 나뉜다. 둘 중 나는 위로를 많이 해주는 사람에 속한다. 상대방의 속마음을 듣고 그것에 대해 공감을 해주고 괜찮다며 위로해 준다. 시간이 흐를수록 분명 나는 위로를 해주고 있는데, 자동적으로 상대방에게 '괜찮다'는 말을 하고 있다는 것을 느꼈다. 상대방의 감정에 공감하며 위로한다는 것은 깊게 생각하면 어쩜 가장 어려운 것일 수도 있다.

반대로 내가 위로를 받으려고 상대방에게 전화를 걸었을 때에도, 상대방이 감정 없이 괜찮다고 계속 나에게 말하는 것을 느꼈었던 적이 있다.
'얘가 진짜 내가 힘든 걸 아나?', '자신의 일이 아니니까 진심으로 생각하지 않나?' 생각들을 하면서 오히려 상처를 더 받았던 적도 있다.
'나도 똑같이 이런 상처를 반대로 상대방에게 준 적이 없었나?'라고 생각이 들기도 하였다. 사실 나는 내가 지금껏 위로를 잘하면서 살아왔다고 생각하였었다. 하지만 내가 받은 상처와 빗대어 내 행동을 생각해 보았을 때 나도 다른 누군가와 다를 게 없었다. 위로란 상대방의 마음의 슬픔을 달래주고 공감해 주어야 하는데 나와 다른 상대의 마음을 깊게 이해하고 행동하는 것이 아직은 어렵게 느껴지는 것 같다.

안부

안녕? 오늘 하루는 어땠어? 나는 나름 그럭저럭한 하루를 보냈어. 너는 어땠을지 궁금하다. 난 이렇게 내 하루를 궁금해해주는 사람이 그렇게 고맙더라. 오늘은 어땠는지 무슨 기분이었는지 물어봐 주는 사람. 오늘 그렇게 많은 사람들을 만났는데 어째 아무도 안 물어봐 주더라. 너는 오늘 하루 어떤 하루였어?

괜찮다고 말하지만 사실은 안 괜찮은 날들이 더 많잖아. 괜히 그런 척하는 날. 그럼에도 알아줬으면, 한 번 더 물어봐 줬으면 하는 마음이 들기도 하고 난 그럴 때마다 혼자 훌쩍이면서 시간을 보내곤 했어. 눈물은 마음을 비우기 위해서 흘리는 거래. 누군가 앞에서 우는 게 어색하고 어려울지 몰라도 너 옆에 있는 사람은 널 진심으로 안아줄 거야.

힘들었던 만큼 오늘 하루 너무 멋있었어. 고생 많았고 너무 잘했어. 좋은 하루 보내.

어렵다

뭐라고 설명할 수 있는 단어가 없는 것 같다. 항상 '괜찮아'만 반복하는 내가 다른 사람에게 위로가 될 수 있을까?

위로를 잘해주지 못해서 친구와 같이 있을 때 뭔가 그 상황을 벗어나고 싶게 만들기도 한다. 정작 나는 친구들에게 받은 위로는 많은데, 내가 위로를 잘해주지 못하니까 조금은 미안하기도 하다. 난 사람을 통해서 위로받는다기보다는 귀여운 것들이나 재밌는 것을 보면 힘들다고 느꼈던 것이 별거 아니라고 생각이 든다. 그래도 너무 힘들 때는 가족이나 친구들에게 고민을 털어놓는다. 친구들은 같은 나이에 같은 목표를 가지고 있는 친구들이 대부분이니까 공감을 잘해주는 거 같다. 또 가족들에게 고민을 털어놓으면 나보다 몇 년을 더 살아본 사람들에게서 나오는 위로들이 있다. 그 두 위로를 같이 받으면 나에 대해 조금 더 생각하게 된다.

사실 이 위로라는 감정을 받았을 때 내가 위로를 받은 적이 있었나? 내가 친구들에게 위로해준 적이 있었나? 하면서 많이 고민하게 만든 감정이다. 이 글을 쓰고 있는 지금도 위로라는 감정에 대해 잘 모르겠다. 하지만 잘 모르겠다는 것은 앞으로 알아갈 길이 많이 남았다는 것이니까 난 인생을 조금 더 살아보면서 위로라는 감정에 대해 더 알아보고 싶다.

사랑

미온

나와 정말 안 맞는다고 생각했던 사람이 있었다.
어쩔 수 없이 마주치는 사람.
둘만 만나면 어색할 것 같은 사람.

하지만 모든 게 내 뜻대로 되지 않듯이 난 그 사람을 계속 마주해야 했다. 겹치는 지인이 있어서 한 번, 조별 과제 때문에 한 번, 그냥 길 가다가 한 번…. 그렇게 마주치고, 또 마주치고, 더는 만남을 셀 수 없을 때쯤에야 비로소 우리의 온도가 맞았다. 마침내 사랑이었다.

Q. 정말 뜨거워야만 사랑인가요?
A. 저도 잘 모르겠어요.

사랑을 하는 사람들은 너무나도 다양하기에 뜨거운 사랑을 원하는 사람도 분명 있을 것이다. 그렇지만 내가 원하는 사랑은 미지근한 사랑이다. 아주아주 미지근해서 서로에게 닿았을 때 어떠한 이질감도 없는 사랑. 나와 가장 비슷한 온도의 사람이 좋고, 그런 사랑을 원한다.

아무래도 좋으니까 온도를 맞춰갈 사람이 생기면 좋겠다.

일상 속에서

나는 학교에 가는 것을 즐긴다.

어딘가에 소속되어 지속적으로 무언가를 하는 것에 엄청난 안정감과 희열감을 느끼는 편이라서 학교를 좋아한다. 학교를 가는 걸 즐기다 보니 학교 활동에도 관심이 가게 되었다. 그래서 지금은 학교에서는 선도부 활동을 하고 있다. 선도부이다 보니 아침 일찍 등교를 한다. 일찍 등교하는 게 나의 성실함을 인정해 주는 기분이 들어 선도 활동이 없을 때에도 일찍 등교를 하고, 또 즐긴다. 선도부를 하다 보니 학생회 임원이 되어 학교에 행사가 있을 때면 바쁘게 움직이는 내가 뭐라도 된 것 같아 좋았다.

이 모든 것을 이룬 배경에는 '학교'라는 공통점이 있었다.

학교 덕분에 나는 친구를 만들 수 있었고, 많은 걸 배울 수 있었다. 좋은 선배님들을 만나 여러 정보도 얻을 수 있었고, 좋은 선생님들을 만나서 해보지 못한 경험들을 가질 수 있었다. 정말 조금이지만 나에 대한 자신감이 생겼고, 더 이상 소심하게만 굴지 않고 하고 싶은 말과 행동을 하는 사람으로 변했다. '나'라는 사람이 갖고 있는 '나'만의 기준을 만들 수 있었고, 사람들과 소통하는 법을 배울 수 있었다. 새롭게 바뀌고 있는 나를 보는 게 너무 행복했다.

나는 내가 살아갈 이유를 만들어주는 학교를 정말 사랑하고 있다.

덕질

저의 롤모델은 제가 덕질하는 아이돌입니다. 항상 자신이 맡은 일을 열심히 해오는 것이 대단하고 나보다 더 낫다고 생각해서 입니다.
처음 아이돌을 좋아하게 된 계기는 2021년 3월 학교에서 유튜브에 있는 음악방송 영상을 봤던 것입니다. 영상을 보자마자 어떻게 사람이 이렇게나 귀여운지 믿기지 않았고, 그렇게 저의 첫 덕질을 시작했습니다.

저는 적으면서도 많은 날인 1004일이 지난 지금도 덕질을 하고 있습니다.
제가 1004일 동안 계속해서 덕질을 해오는 이유는 내가 좋아하는 아이돌이 앨범을 발매하고, 팬미팅을 하고, 콘서트를 할 때는 신납니다. 신나고 즐거울 때가 계속되면서 나도 행복하고 남들과의 대화에서 웃음과 행복을 주는 방법을 알았습니다. 그렇다고 덕질이 항상 행복한 것은 아닙니다. 군대를 가고, 코로나와 같은 전염병이 돌았을 때, 어떠한 일이 생겼을 때는 볼 수 없어서 슬픕니다.

제가 겪은 많은 일들 중 잊을 수 없는 일이 있습니다. 2023년 4월 저는 제가 좋아하는 아이돌이 진짜 별이 되는 일을 겪었습니다. 17년 인생 마음이 아프고 이렇게 슬플 수 없다고 생각했고 그 후 한 달 동안 너무 힘들었습니다. 아직 슬프지만 내가 힘들더라도 다른 사람들을 위로하고 그 아이돌을 보며 같이 극복할 수 있었습니다.

여러분은 덕질을 하면서 어떤 일을 경험하셨나요?

김시은

사랑을 하면 행복, 기쁨, 즐거움, 신남, 슬픔 등 다양한 감정을 느끼게 되는데 덕질을 할 때도 사랑과 똑같이 행복, 기쁨, 즐거움, 신남, 슬픔 등의 다양한 감정을 느낄 수 있습니다.

저는 덕질을 사랑이라고 생각합니다.
제가 덕질하는 아이돌은 아스트로입니다.

외할머니

사랑이란 감정은 여러 분류로 나뉜다.
가족에 대한 사랑, 연인에 대한 사랑 등 주변 인물에 따라 각자 사랑하는 인물이 다르고 사랑에 대한 기준과 관점이 다르게 나타난다. 솔직히 나는 아직 완전한 사랑의 기준을 잘 모르겠다. 사랑한다는 말은 많이 사용하는 것 같지만 어떠한 감정인지 잘 모르고 사용하는 경우가 많았다.

사전에 검색해 보니 '어떤 사람이나 존재를 몹시 아끼고 귀중히 여기는 마음.'이라고 나타난다. 이런 사전 뜻을 보고, 사랑이란 감정을 떠올렸을 때 나에게 있어 사랑을 대변해 주며 '나를 아껴주고 사랑해 주는구나'라는 감정을 느끼게 해준 외할머니가 제일 먼저 생각났다... 무슨 일이 있던 나를 먼저 생각해 주시고 내가 저녁 늦게 들어와도 가장 먼저 '밥은 먹었냐'고 물어보시며 나의 건강을 제일 먼저 챙겨주시고, 항상 나의 존재를 특별히 여기며 챙겨주시던 외할머니의 모습들이 떠올랐다.
외할머니뿐 아니라 굳이 특별한 일, 인물이 아니더라도 사소한 챙김으로 인해 사랑이란 감정을 크게 느끼는 것 같다. 평소 사소한 챙김, 아끼는 마음을 가지고 행동하며 나도 누군가에게 '사랑'하면 생각나는 인물로 기억에 남고 싶다.

성장

내가 가장 사랑했던 사람에게.

 안녕, 넌 오늘 어떤 하루를 보내고 있어? 난 요즘 그럭저럭 잘 지내고 있어. 가끔 네가 좋아하는 것들에 눈이 밟혀 종종 네 생각이 나지만 딱 거기까지만 하려고 노력 중이야. 나 혼자 맛있는 것도 먹고, 요즘엔 운동도 하고 있어. 너 없이는 못 할 줄 알았던 것 들을 혼자서도 잘 해내는 중이야. 너도 나처럼 잘 지내고 있을지 궁금하다. 사람들이 그러잖아. 첫사랑은 내가 가장 사랑했던 사람일 수도 있고 첫 연애 일 수도 있다고. 난 내가 가장 사랑했던 사람이 첫사랑이라고 생각하는데, 그게 너인 거 같더라. 사귈 땐 몰랐는데 헤어지고 나서야 알게 된 거 같아. 헤어지고 나니까 그렇게 싸웠던 건 생각도 나고 그 추운 날 길거리에서 서로 덜덜 떨면서 붕어빵 먹으면서 놀았던 그때 밖에 생각이 안 나더라. 너랑은 헤어지고 한참을 울고 밥도 못 먹었는데 그래도 결국엔 다 괜찮아지더라, 그냥 하나에 추억으로 남기게 되더라. 나도 너한테 그 정도에 추억으로 남았으면 좋겠다. 너 덕에 너와 연애했던 내내 난 멋있는, 좋은 사람이었어, 아무것도 하지 않아도 너만 있으면 난 특별해지는 기분이었어. 나 이제는 좀 성숙해졌나 봐. 이제는 너 없이도 좋은 사람이 되고 싶어졌어. 너 때문에 사랑을 알고 이별도 알았으니 이젠 나 자신을 알아가 보려고. 내가 많이 사랑했고, 우리 앞으로는 다음 생에도 보지 말자.

겨울

겨울에 담겨있던 추억이 떠오른다. 첫눈 오는 날, 친구와 커다란 눈사람을 만든 날, 첫눈 오는 날엔 너무 좋아서 집 창밖을 하염없이 쳐다본 적도 있다. 손과 얼굴이 얼음처럼 차가워지긴 했지만, 너무 행복하고 겨울이 온 것이 실감이 났다. 겨울에 집 밖을 나가면 코끝이 차가워진다. 입김을 후 내면서 그 추운 날에 적응해 간다. 세찬 겨울바람이 내 볼을 스쳐 지나간다. 얼굴이 한순간에 얼음이 되고 귀가 찢어질 것같이 추운 겨울이지만 그럼에도 난 그 겨울을 사랑한다.

겨울은 연말의 계절이다. 연말이 되면 어딜 가든 크리스마스 분위기이다. 예쁜 전등들이 반짝이며 트리 위에서 빛나고 있다. 캐럴도 어딜 가든 귓가에 들려온다. 눈 오는 날 버스를 타고 학교에 갈 때 이어폰으로 듣는 노래가 다른 계절보단 더 깊이 있게 귀에 들린다.

졸업이라는 단어에서도 겨울이 떠오른다. 졸업은 대부분 겨울에 하고 이제 새로운 친구 새로운 학교에 적응도 해야 한다는 말이다. 새로운 학교에 가서 새로운 친구를 만든다는 생각에 또 설렘과 긴장이 나를 감싸는 느낌이다. 다른 계절보단 겨울에 더 좋은 추억이 많다. 겨울을 너무 좋아해서 좋은 추억만 떠오르는 것 같다. 하지만 겨울이 정말 너무 좋다. 말로 표현할 수 없는 느낌이다.

겨울이 다가오면 항상 설레고 겨울이 끝나가면 다음 겨울이 기다려진다. 좋아하는 사람과 헤어지면 다시 또 보고 싶듯이 겨울이 나한텐 그런 계절이다. 겨울에 먹는 굴도 좋고, 겨울에 차가운 바람도 좋다. 전기장판에서 따뜻하고 두툼한 솜이불을 덮고 누워서 가만히 이 추운 겨울을 느끼는 것도 좋다.

사람마다 사랑하는 것이 다르겠지만, 나한텐 겨울이 나의 사랑이다.

고마움

Irreplaceable

"지나가다 너 생각나서 사 왔어."
"나중에 여기 같이 가자."

이런 말들이 나를 살게 한다. 고마움을 느끼고 행복을 느낀다. 대수롭지 않게 한 말일 수도 있고 빈말일 수도 있지만 내가 그 사람의 아주 사소한 일상에도 스며든 것만 같다. 그럼 나도 내가 느낀 고마움을 가득 담아 상대방에게 보낸다.

하지만 내가 가장 고마움을 느끼는 사람들은 내 잘못된 행동을 지적해 주고 올바른 것을 알려주거나 나를 항상 좋은 곳으로 이끌어 주는 사람들이다. 그리고 그런 사람들은 아주 사소하고 일상적인 부분에서도 자주 생각이 난다. 그럼 나는 그 사람들에게 고마움을 전하며 말한다.

"지나가다 너 생각나서 사 왔어."
"나중에 여기 같이 가자."

다른 사람을 특별하게 만들어주는 사람은 그 자체로 특별하다.

변화

고1이 되고 얼마 지나지 않아한 친구 'a'와의 다툼이 있었다. 난 큰 갈등이 아니라고 생각했다. 하지만 그 갈등으로 인해 싸웠던 'a'와, 'a'와 함께 다녔던 친구들까지도 서로 무시하는 사이가 되어버렸다. 자존감은 떨어지고 확신이 없어지고 모든 행동에 후회를 담는 습관이 생겼다.

스스로에 대한 혐오가 생겼다.

'더 이상은 친구들과 어울릴 수 없겠다'는 생각을 했을 때쯤에는 내가 소속되어 있는 교실에서 조차 편하게 있을 수 없게 되었다. 등이 서늘해지면서 발가벗겨진 기분이 들었다.
그렇게 교실에서 혼자 고개를 떨구고 있었는데, 갑자기 친구들이 하나둘씩 내 주변에 모여들었다. 친구들은 내 주위에서 일상적인 대화를 나눴다. 그때 대화에 끼게 되면서 소속감이 들었다. 집에 있는 듯한 편안함이 들었다. 내 눈을 맞추고 대화를 먼저 시작해 주는 친구들이 고마웠고, 지속적인 관심을 주면서 나의 기분을 살펴주는 친구들이 너무 고마웠다. 친구들은 나에게 너무 과분한 행복을 선물해 주었다.

난 이렇게 받은 게 큰데, 또 내 실수로 이 친구들을 잃게 되면 어쩌나 무서웠다. 그 친구들 덕분에 우울한 상황에서 벗어날 수 있었다. 그 감사함에 보답하기 위해 좋은 모습을 보여주려고 긍정적인 생각을 많이 하려 노력하고 있다.

내 친구

나무위키는 '친구'의 정의를 가깝게 오래 사귀어 정이 두터운 사람이라고 한다.

내가 힘들었을 때 제일 먼저 연락해 주는 너, 항상 내 편인 너, 그리고 작년에 뮤지컬이 힘들어서 울고 웃고 바빴던 우리. 나에게 항상 좋은 말만 해주고 격려해 주고 같이 웃던 너와 나는 이젠 다른 학교지만 너는 달라지지 않고 예전과 똑같이 대해준다. 내가 하는 어떤 일이든 응원해 준다. 내가 고민이 있을 때, 우울할 때, 내가 학교에서 혼자여서 힘들 때도 항상 내 옆에 있어 주는 친구.
내가 해준 것은 없는데 항상 함께 해줘서 고맙다.

2014년, 초등학생이던 우리. 같은 반도 아니었지만 돌봄교실에서 네가 말 걸어 줬을 때는 그보다 좋을 게 없었어. 너만 생각하면 좋은 일만 떠오르고 안 좋은 생각은 버리게 돼.
나에게 너는 그런 존재야. 내가 인간관계에서 가장 잘한 일일만큼 큰 존재.
내가 꽃을 선물할 수 있다면 아이리스와 페튜니아를 선물할게.
내 친구가 되어줘서 고마워, 2014년에도 2024년 오늘도.

김시은

"고마워"

나는 평소 고맙다는 말을 많이 하고 다닌다.
남에게 고맙다는 말을 들으면 뿌듯하고 행복해지는 감정을 느끼기 때문에 나도 남에게 고맙다는 말을 많이 하려고 노력한다.

내가 고민하거나 힘든 점이 있을 때 나 혼자만 알고 있으면 너무 답답하고 힘든 감정이 커져간다. 그래서 이런 감정들을 친구들에게 털어놓으며 말하는 경우가 많다. 그럴 때마다 내 말에 공감을 해주며 내 고민에 대한 해결법을 제시해 주고, 나의 말을 들어주는 친구들에게 고마움을 가장 크게 느낀다. 어쩌면 그 친구의 시간과 감정을 소모하며 나를 도와주는 것이기에 나를 위해 시간을 써주며 나의 힘든 점을 풀어준다는 것에 가장 큰 고마움을 느끼고, 나의 고민을 털어놓을 친구가 있다는 것에도 고마움이란 마음을 가진다.

고맙다는 말은 나에게 힘들었던 일도 풀어지게 만들고 뿌듯한 감정을 되뇌게 해주는 단어이자 '감정' 중 하나이다. 그만큼 나는 일상생활 속 사소한 일에 대한 고마움도 입으로 내뱉으며 "고마워"라고 말하려고 한다.

정세빈

엄마

내가 살면서 가장 고마웠던 사람은 우리 엄마야. 나 같은 딸을 도대체 어떻게 키웠는지 신기하기만 해. 자존심도 세고 무뚝뚝한 성격인지라 엄마한테 많이 대들었으니까. 그래서 엄마에게 많이 미안하지만 또 그걸 엄마한테 말은 못 하겠더라. 엄마가 해주는 따뜻한 밥을 먹고 엄마가 해주는 말들을 듣고 엄마가 나에게 해줄 수 있는 것들을 다 해주는 게 난 표현하지 못할 만큼 고마워. 근데 내가 아직 서투른 탓인지 그 한 마디 꺼내기가 하늘에 별 따기처럼 어려운 거 같아. 엄마가 어련히 알아줬으면 하지만, 알아줄 거라 생각하지만, 사실 말하지 않으면 누가 알겠거니와 말하지 않으면 서운한 건 엄마도 어쩔 수 없으니까. 항상 내 곁에 있어주는 그 사람이 당연해지지 않게 조심하라고 했는데 난 엄마에 행동에 당연함을 느끼는 듯해. 그 고맙다는 말이 뭐 이리 어려운지, 그치? 엄마, 내가 아직 많이 해보지 않아서 조금 서투르지만 항상 고맙다고 생각하고 있어, 오늘도 춥다고 장갑 챙겨주고 목도리 줘서 고마워, 엄마도 추울 텐데. 나만 챙기지 말고 엄마도 따뜻하게 하고 다녀. 집 가서 이따가 보자. 항상 고마워.

친구

모든 사람에겐 마음속에 특별한 사람이 있다. 나의 마음속에도 특별한 친구가 있다.

그 친구는 중학교 때 만났다. 다른 친구를 기다리다가 우연히 만나게 된 친구였다. 지금 생각해 보면 내가 그 친구를 만나지 않았다면 지금을 어떻게 살아가고 있을지 모른다.

친구는 붙임성이 좋아서 소심한 나를 재밌게 해줬다. 매일 만나서 놀고 수다를 떨었다. 이때까지만 해도 난 그렇게 오랫동안 친하게 지낼 줄은 몰랐다. 고등학교가 다른 곳에 배정이 되고 멀리 떨어지게 되니까 연락이 자연스럽게 끊어질 줄 알았다.

하지만 그 친구는 나에게 끊임없이 연락을 해줬고 나도 친구랑 많은 얘기를 하다 보니 성격과 취향이 잘 맞았다. 그 친구는 말이 많은 친구인데 난 반응을 잘해주는 사람이어서 우리는 잘 맞는다고 생각했다. 여름 방학 동안은 그 친구랑 매일 만났다. 한강에 가서 발도 담그고 떡볶이를 먹었다. 또 내가 가보지 못한 곳을 데려가서 맛있는 밥과 이쁜 카페들, 영화도 많이 봤다. 그때 나왔던 영화들은 거의 다 그 친구랑 본 거 같다. 하루 종일 붙어있다 보면 지겨울 만도 한데 친구랑 나는 매일 만나도 지겹지 않은 사이가 되고 있었다.

내가 힘들 때 그 친구가 있어서 얼마나 감사한지 모른다.

중학교 때 나는 한없이 소심했던 아이였는데 그 친구를 만나서 다행이었다. 나의 중학교 시절을 소중한 추억으로 만들어 준 그 친구가 참 고맙다.
이 글을 그 친구에게 선물로 주고 싶다.

십팔의 얘기하다.
-닫는 글

글을 마치며...
우리들 안의 미움과 사랑, 후회와 고마움은 각기 다른 감정들이다. 그 감정들은 우리들의 삶에 풍요로움을 더해주고, 더 나은 방향으로 이끌어준다. 이 모든 감정들을 함께 받아들이며, 그 속에서 더 큰 용기와 희망을 찾고자 한다. 감정의 파도를 거치며, 그 안에서 더 나은 내일을 발견하리라 믿는다.

이 글을 읽어주신 여러분께...

감정들은 내 안의 감성적인 여정을 완성해주며, 그 감정들은 나를 더 깊이 이해하고 더 나은 방향으로 나아가게 도와줍니다. 그래서 이 모든 감정들을 함께 받아들이고, 그 속에서 더 큰 용기와 희망을 찾고자 합니다. 감정의 파도를 거쳐 나아가며, 그 속에서 더 나은 내일을 발견하리라 믿습니다. 삶의 색다른 감정들을 품고 이 여정을 계속하며, 감사함과 희망의 빛을 믿고 앞으로 나아가고자 합니다. 이 모든 감정들은 나에게서 새로운 용기와 성장을 안겨준 소중한 보물입니다. 나의 여정은 지속되고, 그 안에서 더 나은 내일을 찾아가리라 확신합니다.

작가의 말

정세빈

책을 읽으시며 많은 감정의 공감이 일어나셨나요? 학교에서 좋은 기회를 통해 책을 출판하게 되었는데 처음 글을 써 내려 가는 것이어서 많이 서투르네요. 책을 읽으시는 여러분들께서 글을 읽으시며 이 책이 위로와 공감을 할 수 있는 책으로 기억에 남으시면 좋겠어요. 많은 분들이 행복한 감정, 나쁜 감정 여러 감정이 많이 공존하고 그에 대해 느끼는 점, 인상깊었던 사건 등 각자마다 느끼는 생각이 다르시겠지만 저는 이 책을 쓰며 주변 친구들에 빗대어 나와 비슷한 나이대의 사람들이 내가 느끼는 감정에 대해 각자 다르게 어떻게 생각하고 행동하는지에 대해 새롭게 깨닫고 알아보게 되었어요. 또한, 감정에 대한 소중함과 간직해야 할 가치를 다시금 되새기게 되었습니다. 이 책은 저희들의 소중한 감정에 대한 경험과 깨달음이 담긴 작품입니다. 여러분들이 이 이야기를 통해 위로와 공감을 얻어 가고, 자신의 감정에 대해 더 깊게 생각하고 느껴보시길 바랍니다.

박혜원

쉬지 않고 열심히 달려온 끝에 어느새 열여덟, 처음으로 가져본 앞자리를 서서히 마무리해야 하는 시기가 되었습니다. 하지만 10대의 끝자락에 선 지금도 도망치고 싶고 외면하고 싶은 일투성입니다. 단지 글이 좋아 무작정 도전을 외쳤지만 가진 것 없이 무모하게 시작한 만큼 백지에서 이 말을 적기까지 수도 없이 도망치고 싶었고 외면하고 싶었고 포기하고 싶었습니다. 결국 이 책은 피하지 않고 이 모든 것을 마주할 수 있게 된 저에게 하나의 증표가 되었습니다. 타인에게 폐가 되지 않는 선에서 저는 앞으로도 무작정 도전하고 무모하게 뛰어들 것입니다. 실패한다면 당장은 시간 낭비라고 생각할 수 있지만, 우리에게 낭비할 시간은 너무나도 많고 때로는 낭비라고 생각했던 시간이 하나둘 모여 또 새로운 시간을 만들어 주기도 합니다. 저는 이 책이 여러분께도 어떠한 존재가 되었으면 합니다. 도피처, 참고서, 추억, 위로…. 어떤 방식이든 어떤 형태든 저의 감정을 넘쳐흐르도록 담은 이 책이 여러분께 좋은 의미로 남기를 바랍니다.

노현선

즐겁게 읽으셨나요? 저는 글을 쓸 때 머리를 쥐어뜯으면서 글을 써 내려갔습니다. 평소에 감정을 깊게 생각하는 편은 아니어서 그 감정을 나타내는 단어를 찾기 힘들었습니다. 읽기 편하고 기억에도 남을만한 글이 제 목표였기 때문에 목표에 맞추려고 노력을 많이 한 것 같습니다. 작가님들의 소중한 경험들이 모여서 빛나는 감정 에세이를 만들었습니다. 또 소중한 추억 한자리에 이 책이 꽂혀있을 것 같습니다. 글을 읽어주신 모든 분들 정말 감사드리고 항상 행복하기를 바라겠습니다.

장윤서

용기는 작은 일에서 시작되어 좋은 감정을 이끌어내 주는 것 같습니다. 그 용기는 저에겐 책을 쓰는 것이었는데요, 각 이야기에 나 자신의 감정을 표출하는 과정에서 큰 즐거움을 느꼈습니다. 에세이를 쓰면서 내 경험을 거짓 없이 작성해 책으로 출간한다는 것이 매우 걱정되었지만, 새로운 경험이라는 생각을 하니 두려울 것이 없었습니다. 책을 쓰는 경험은 굉장히 새롭게 다가왔고, 또 다양한 사람들을 마주하며 일어난 일들이 성장의 기회가 되어 멋진 에피소드로 남아 정말 기쁩니다. 여러분들도 스스로의 용기로 만들어진 작은 시작들이 큰 기쁨을 안겨다주는 경험이 되길 바라며 이만 마치겠습니다. 감사합니다.

김시은

안녕하세요, '십팔을 얘기하다'의 김시은입니다.
글은 어떻게 읽으셨나요? 다른 글과는 다르게 유독 질문이 많습니다. 제 글을 통해 여러분이 그 질문에 대해 생각해 보실 수 있는 기회가 되면 좋겠습니다. 답은 정해져 있지 않지만 생각해 보는 과정을 통해 옛 추억이나 내 고민의 해답을 찾기도 합니다.
제 글 중 여러분이 좋아하시는 글은 어떤 글인가요? 저는 '고마움'과 '사랑' 글을 좋아합니다. 누군가에게 마음을 전하는 것만큼 그 사람을 생각한다는 것입니다. 고마움 글에서 아이리스와 페튜니아를 선물한 이유는 좋은 의미이니 직접 찾아보시는 것도 나쁘지 않습니다.
저는 '십팔을 얘기하다'를 쓰며 많은 것들을 처음 경험 해 보았습니다. 글을 쓰는 짧지만 길었던 시간 동안 17년간의 일들과 내가 느꼈던 감정에 대한 것들을 더 깊게 생각해 보는 계기가 됐습니다. 6명이 모여 책 출판까지의 과정이 쉽지는 않았지만 경험하고 배우면서 17살의 저보다 18살의 저는 새해부터 많은 성장을 할 수 있었습니다. 희망과 용기로 도전했던 일이 끝이 나니 처음에 두려워하지 않고 도전했던 제가 좋습니다.
'십팔을 얘기하다'의 독자분들 감사합니다. 이 책의 출판까지 도와주신 저희 학교 김형창 선생님, 새벽감성1집 김지선작가님, 허블스페이스 이창준대표님께 감사드립니다. 책 디자인, 책출판부터 마케팅, 홍보 자료, 그 외의 많은 것을 경험하게 해 주셔서 감사합니다.

내 인생의 두 번째 출발점, 십팔을 얘기하다

십팔을 얘기하다

1판 1쇄 발행 | 2024년 3월 2일

지은이 | 김시은, 장윤서, 박혜원, 정세빈, 노현선, 정예진

기획 | 김시은, 장윤서, 박혜원, 정세빈, 노현선, 정예진
편집 | 김시은, 장윤서
디자인 | 김시은, 장윤서

지도교사 | 김형창
총괄 | 안재민
발행인 | 김지선
펴낸 곳 | 새벽감성, 새벽감성1집
출판등록 | 2016년 12월 23일 제2016-000098호

*이 책은 중소벤처기업부 중소기업특성화고 인력양성사업
 프로젝트의 일환으로 제작하였습니다.
*책값은 표지에 있습니다.
*잘못된 책은 구입처에서 교환해 드립니다.
*이 책의 사진과 글의 전부 또는 일부를 발췌하거나 인용하려면
 반드시 새벽감성 출판사의 동의를 얻어야 합니다.